Paul Beorn est l'auteur de trois romans de Fantasy, dont *Les Derniers Parfaits* en 2012, finaliste du Grand Prix de l'Imaginaire 2013. Il va publier *Le Jour où* en octobre 2014 chez Castelmore, un roman pour adolescents, et un roman pour lecteurs âgés de dix ans et plus chez Imaginemos en mai-juin 2014.

Silène Edgar est professeur de français et anime le site Callioprofs à destination des professeurs de collège. Elle a rédigé en ce sens les supports pédagogiques pour *Niourk* et *Sauvage*. Elle est également l'auteure d'une trilogie d'anticipation jeunesse pour les Éditions du Jasmin.

Un **dossier pédagogique** à destination des enseignants et des prescripteurs sera disponible en téléchargement gratuit à partir d'avril 2014 sur le site Internet **www.castelmore.fr** pour faciliter l'étude de ce roman en classe.

De Silène Edgar,
aux Éditions du Jasmin :

Moana :
1. *La Saveur des figues* (2010)
2. *Le Bateau vagabond* (2011)
3. *À la Source des nuages* (2013)

Aux éditions Imaginemos :

Le Manoir (octobre 2014)

De Paul Beorn,
chez Castelmore :

Le Jour où (octobre 2014)

Aux éditions Imaginemos :

Le Club des chasseurs de fantômes (mai 2014)

CE LIVRE EST ÉGALEMENT DISPONIBLE
EN FORMAT NUMÉRIQUE

www.castelmore.fr

Silène Edgar
&
Paul Beorn

14-14

CASTELMORE

Collection dirigée par Barbara Bessat-Lelarge

© Bragelonne 2014

Loi n° 49-956 du 16 juillet 1949
sur les publications destinées à la jeunesse

Dépôt légal : avril 2014

ISBN : 978-2-36231-119-2

CASTELMORE
60-62, rue d'Hauteville – 75010 Paris
E-mail : info@castelmore.fr
Site Internet : www.castelmore.fr

Remerciements

Merci à Barbara tout d'abord car sans elle il n'y aurait pas *14-14*, littéralement et pas par manière de dire. Merci à Stéphane qui a permis ce projet ainsi qu'à Marie si enthousiaste, Fabrice qui a supporté nos multiples hésitations, Nathalie et son sourire lumineux, César le pétillant et Jérôme qui porte bien le costume! Merci à toute l'équipe Bragelonne en fait!

Merci à nos conjoints: nous remercions souvent nos amoureux mais là, vraiment, Élodie et Trouf méritent une médaille pour leur patience. Merci à vous, du fond du cœur.

Merci à nos bêta-lectrices de rêve, toujours partantes, rapides et enthousiastes, auteures de talent: Nadia Coste, Agnès Marot et Cindy van Wilder.

Merci à Lise Syven, qui est aussi une auteure de talent, qui est notre compagne dans cette aventure et qui est notre copine, ce qui justifie bien assez sa présence ici.

Merci aux cinéastes qui ont transmis ce qui s'est passé en 14-18, en particulier Stanley Kubrick, Bertrand Tavernier, François Dupeyron et Jean-Pierre Jeunet.
Paul et Silène

Merci à Silène, sans qui ce roman n'aurait jamais vu le jour, puisque c'est elle qui m'a dit un jour : « Dis donc, Paul, si on écrivait un roman à quatre mains ? », Silène, mon amie de plume, qui est une fée, une authentique.
Paul, alias Adrien

Merci enfin et surtout à Paul, qui m'a donné confiance en lui, en moi, en ce roman, qui m'a dit oui, non, « tu as fini ton chapitre ? », qui a corrigé, corrigé, corrigé encore, qui est un homme et un auteur merveilleux.
Silène, alias Hadrien

*À ma belle plante, ma petite pomme et l'arbre
qui nous protège toutes les 3.*

*À mes anciens, les présents et les absents : Louis, Madeleine,
Edmond, Suzanne, Andrée, Pierre, Cécile et Alain.*

Chapitre premier

1er janvier 2014

UN CIMETIÈRE, C'EST L'ENDROIT IDÉAL POUR un rendez-vous, non ? À cette heure, il n'y a pas un chat, personne ne viendra les déranger. Adrien met le bouquet de fleurs entre ses dents, grimpe par-dessus la grille comme il l'a déjà fait des centaines de fois et se retrouve de l'autre côté du mur. Il remonte la pente en frissonnant et ses baskets crissent dans la neige à chaque pas. Quel idiot ! Il aurait dû mettre ses bottes.

Les croix dépassent à peine du brouillard et il règne le silence des matins de jour férié.

La plupart des sépultures tombent en ruine, mais pour Adrien, c'est le plus bel endroit du monde. Il sourit à la gravure en pierre d'une jolie dame, à moitié mangée de mousse, et adresse un petit coucou joyeux de la main aux dix soldats français qui reposent dans le carré militaire depuis près d'un siècle. Leurs noms, il les connaît tous par cœur.

Autrefois, avec Marion, c'était leur terrain de jeu préféré. Ils se cachaient parmi les tombes. Ils connaissaient chaque allée, chaque pierre fendue, chaque médaillon. Ils se donnaient rendez-vous sous le feuillage du grand cyprès tous les mercredis après-midi. Parfois, ils jouaient aux zombies, parfois aux vampires – Marion adorait quand il la poursuivait en poussant de grands cris. Au milieu du cimetière, il y a une petite chapelle toute blanche. C'est là qu'un jour Adrien l'a demandée en mariage : elle a éclaté de rire et elle a dit « oui » en battant des mains.

Bon, d'accord, ils avaient cinq ans et demi à l'époque, et maintenant ils en ont treize. Mais elle ne peut pas l'avoir oublié, quand même !

Aujourd'hui, c'est le premier janvier de cette année toute neuve, 2014. C'est le moment de toutes les bonnes résolutions. S'il ne se décide pas un jour comme celui-là, alors son cas est vraiment désespéré. En tout cas, c'est ce que dit Éloïse, sa petite sœur. Ça fait des semaines qu'elle lui répète de se jeter à l'eau : «Si tu l'aimes, pourquoi tu ne le lui dis pas?»

Bien sûr, à six ans, ça paraît évident. Quand elle en aura treize, elle aussi, elle verra bien que les choses deviennent beaucoup plus compliquées, en grandissant.

Pour la millième fois, il compte et recompte ses chances, tous ces petits indices qu'il collectionne comme des trésors depuis des mois et qu'il se répète le soir avant de s'endormir.

Premièrement, elle a toujours admiré les garçons qui étaient bons en classe, or Adrien a de bonnes notes. Deuxièmement, l'année dernière, elle a dansé tout contre lui et elle a dit que si tous les garçons étaient comme lui, le monde serait meilleur. Troisièmement, samedi dernier au cinéma, elle lui a pris la main pendant le film. C'est ce geste-là, surtout, qui lui a donné le courage de faire sa déclaration aujourd'hui.

Il regarde sa montre : neuf heures et demie, il a une demi-heure d'avance. C'est horrible d'attendre. Pour ne pas mourir d'impatience, il fait le tour de ses tombes préférées.

La ville de Laon est pauvre et son cimetière ne vaut guère mieux. Il est presque à l'abandon et les morts ne voient pas souvent du monde, surtout sous le rempart, dans la grande pente. Là, c'est presque un champ de caillasses, ça ne ressemble même plus à des tombes. À cet endroit, il y a souvent de petits glissements de terrain qui bousculent les pierres tombales. Avec la neige et le brouillard, c'est dangereux de s'y aventurer, mais Adrien pourrait s'y promener les yeux fermés.

Il laisse vagabonder ses pensées, puis son regard se pose sur son bouquet et, tout à coup, il s'affole : *Les fleurs, est-ce que c'est ringard ?* Il colle son nez dessus, mais elles ne sentent rien. Il a eu du mal à en trouver en plein hiver, c'est un mélange de chrysanthèmes blancs et de fleurs de coton. Elles lui paraissaient magnifiques dans le vase du salon mais, maintenant qu'il les tient à la main, toutes gelées, il se demande s'il a bien fait de les apporter.

Marion adorait les fleurs quand elle était petite. Le problème, c'est qu'elle a changé. Tous ses amis ont changé : ils ont des boutons, ils fument et ils passent leur temps sur Internet. D'ailleurs, Adrien non plus n'est plus le même. Autrefois, les choses étaient simples, c'était l'enfance, Marion était son amie pour la vie et ça lui suffisait. Maintenant, il a soif de baisers secrets. Il a envie de la serrer dans ses bras, de lui tenir la main et de faire sortir tous ces mots d'amour qui fleurissent en lui.

Dix heures moins le quart. Non, ce n'est toujours pas l'heure.

Vers dix heures moins cinq, il se met à dévaler la pente jusqu'au grand cyprès du rendez-vous.

Ce serait trop bête d'arriver en retard maintenant. Il est à bout de souffle. Zut, les fleurs n'ont pas apprécié la course, il y en a une dont la tige s'est cassée.

Il se tient debout devant la pierre tombale sous le grand cyprès. Celle-là est la préférée d'Adrien. Il y a tant de souvenirs ici.

Quelqu'un a gravé deux petites silhouettes dans la pierre grise à cet endroit. Adrien s'est toujours demandé qui l'avait fait, mais il aime ces deux personnages ; on dirait un père et son fils qui se tiennent par la main. Enfant, Adrien rêvait que c'était lui avec son père. Avec son carnet à dessin, il a essayé cent fois de le reproduire. Quand Adrien a du chagrin, il dessine, c'est son secret à lui.

Il consulte encore sa montre : 10 heures ! Ça y est, elle va arriver.

Alors, une horrible pensée le traverse : oh non ! il ne s'est pas lavé les dents ! Elle ne va jamais vouloir l'embrasser ! Il souffle dans son gant pour essayer de sentir sa propre haleine.

Il sursaute quand son téléphone vibre dans sa poche. Ce n'est pas un iPhone, juste le portable premier prix du catalogue. Avec ses gants, il a du mal à le sortir.

Désolée, mon Adrien, je ne peux pas venir.

C'est elle. De toute façon, Adrien ne connaît personne d'autre au monde qui écrive des textos sans fautes d'orthographe. Qu'est-ce qui se passe ? Elle est malade ? Marion n'a jamais raté un seul rendez-vous avec lui.

Nouvelle vibration, nouveau texto.

Il m'arrive un truc incroyable !!!!!!

Son cœur fait un bond dans sa poitrine. Il a un très mauvais pressentiment en voyant ces six points d'exclamation.

Troisième texto :

À la fête du Premier de l'an chez Franck, il m'a embrasséééée ! Tu le crois ça ? Je l'aime, il est trop beau ! Je te raconterai tout, mon Ady. Bisous et bonne année !

Des petites étoiles dansent dans son champ de vision, la tête lui tourne, une grosse boule se forme au fond de sa gorge. Tout à coup, il se sent les jambes coupées et il se retrouve assis sur la pierre tombale sans savoir comment. Sur l'écran de son téléphone, au creux de sa main, les mots dansent devant ses yeux.

Franck ?

Il ne connaît qu'un seul Franck, il a au moins quinze ans, il est en troisième : un grand blond avec une longue mèche sur le devant et des yeux bleus. C'est le genre de garçon qu'on écoute quand il parle. Et quand il lance une blague, tout le monde rit même si ce n'est pas drôle. Le genre de garçon qui marche au milieu du trottoir en faisant de grands gestes, qui est invité à toutes les fêtes, qui parle fort et qui s'habille avec des vêtements de marque. Le genre de garçon qu'Adrien ne sera jamais. Quinze ans ! Comment il peut lutter, lui, du haut de ses treize ans ?

Les troisièmes, ils ne pourraient pas sortir avec des filles de troisième, hein ? C'est trop leur demander ?

Il a du mal à appuyer sur les touches même sans ses gants. Il ne sait pas si c'est à cause du froid, mais ses doigts tremblent.

C'est super, écrit-il. J'ai hâte que tu me ra-con-tes.

De grosses larmes naissent au coin de ses paupières et roulent lentement sur ses joues, chaudes, rondes, idiotes.

—Qu'est-ce qu'elle lui trouve à ce Franck? crie-t-il dans le cimetière désert. Il ne sait même pas danser! Il a redoublé sa troisième, il est nul en classe!

Les tombes et les croix silencieuses semblent l'écouter gentiment.

—Il va lui tourner la tête et puis il va lui briser le cœur! Qu'est-ce qu'elles ont toutes à aimer des machos et des types qui se la jouent?

Adrien n'y comprend rien.

—Ça sert à quoi d'être bon en classe? Les filles, elles s'en fichent complètement.

Il renifle et prend à témoin la pierre tombale.

—Est-ce que tu avais une petite amie, toi? demande-t-il au mort enterré là. Tu crois que j'ai une chance avec Marion? Tu aurais peut-être des trucs à m'apprendre. J'aurais vraiment besoin que quelqu'un m'aide et me dise comment il faut faire.

Il se lève, jette les fleurs par terre et redescend l'allée jusqu'à la grille, que le gardien vient d'ouvrir. Il remarque à peine la vieille dame qu'il croise en sortant. Une très vieille femme appuyée sur une canne, voûtée, tassée, au visage strié de rides, qui le regarde passer avec des yeux perçants. Elle s'avance à petits pas jusqu'à la tombe du grand cyprès, ramasse les fleurs à terre et pousse un soupir satisfait.

Adrien a demandé de l'aide. Il en recevra.

Chapitre 2

1er janvier 1914

HADRIEN MARCHE LENTEMENT ENTRE LES tombes. Ses godillots noirs écrasent la neige avec des petits craquements et y laissent des traces de boue. Les autres bruits sont étouffés : le village est ralenti, le bar est fermé, le facteur ne passe pas et chacun se repose. Le cimetière est couvert de blanc et le pâle soleil de ce premier jour de l'année peine à réchauffer les vieilles pierres. Le grand et mince garçon se dirige vers la partie du sanctuaire où reposent ses grands-parents et leurs aïeux, sous des pierres tombales simples et peu coûteuses.

Sa famille paternelle n'a pas beaucoup d'argent. Les caveaux du notaire ou du médecin sont bien plus imposants : ce sont de vraies petites maisons, avec une grille pour fermer l'entrée et des fleurs fraîches, été comme hiver. Sa petite sœur, Marthe, apporte durant l'été des coquelicots et des bleuets pour honorer la tombe des grands-parents mais, à cette époque, il n'y a même pas un perce-neige et les stèles restent tristes et vides. Hadrien observe le jour qui se lève derrière la flèche de l'église de Corbeny.

— Pfff, souffle-t-il, il n'y a personne…

Qui aurait l'idée de lui faire dégager les tombes de la neige aujourd'hui, à part son père ? Tout ça pour l'empêcher de lire *L'Épatant* au coin du feu !

C'est un illustré auquel son grand-père maternel l'a abonné. Seize pages de blagues et de bandes dessinées, toutes les semaines, pendant un an, un sacré cadeau ! Le premier numéro est arrivé pour Noël, avec un panier contenant six oranges, un luxe incroyable pour eux. Il a hâte de le montrer à l'école. Même Lucien, le fils du docteur, sera jaloux. Bien sûr, le père d'Hadrien a failli s'étrangler en voyant le prix : trois francs cinquante à l'année? Pour du papier avec des dessins dessus? N'ayant pas la possibilité de dire à son beau-père ce qu'il pense de cette dépense stupide, il se venge sur son fils.

Voilà comment, au lieu de lire en paix, il se retrouve à devoir balayer la neige sur les tombes… alors qu'il risque encore de neiger pendant des semaines! C'est complètement idiot.

Mais Hadrien ne peut pas désobéir sans risquer une sévère correction, alors il a décidé de ruser; il a caché son illustré dans la poche de sa vareuse et il a rejoint le cimetière. Malgré le froid mordant, il n'est pas si désagréable d'être dehors. Le givre et la neige créent un scintillement étrange sous le soleil. Le garçon dégage les tombes de la famille de son père, il passe son doigt dans les lettres gravées.

—Jean, Marius, Madeleine, Louis, Marguerite, murmure-t-il pour lui-même.

Il n'a connu que la dernière, sa grand-mère, quand il était petit. Une mauvaise grippe l'a emportée six ans plus tôt. Il en garde l'image d'une femme dure à la tâche et sèche avec les petits. Quant à la famille de sa mère, elle n'est pas ici: ce sont des gens de la ville et leur caveau est là-bas, à Laon, la préfecture. Ils n'y vont jamais, c'est trop cher. Du coup, il n'a vu la tombe de sa grand-mère qu'une seule fois, mais il a pu constater que l'édifice familial était autrement plus imposant que celui du médecin ici. Ça lui a fait plaisir même si le fils du docteur, Lucien, son ennemi d'enfance, ne le verra sans doute jamais.

Les notes de l'*Ave Maria* sonnent à la cloche de l'église et Hadrien se secoue, il a déjà fini sa corvée et, comme il l'a prévu, il peut prendre un peu de temps pour lire. Il s'installe sur la tombe du pépé Marius. Absorbé par sa lecture, il ne voit pas que la pierre est mouillée, l'humidité transperce son pantalon de toile, son caleçon et il a rapidement les fesses gelées. Il se dandine en se demandant si elles vont rester collées à la pierre quand un éclat de rire retentit.

— T'as envie d'aller au p'tit coin, Hadrien ? s'exclame joyeusement la jolie Simone.

— Non… j'ai le cul trempé ! rétorque le grand garçon en lui souriant.

Elle rit de plus belle, et ses boucles brunes dansent autour de son visage. Elle a les yeux brillants d'une petite souris, des taches de rousseur sur les pommettes et un air canaille de fille à qui on ne raconte pas des craques. Avec son manteau sombre, ses joues roses et sa robe de la même couleur, on dirait une pivoine. Son vêtement n'est pas tout neuf, mais joliment tourné : elle l'a retaillé elle-même dans une ancienne blouse de sa mère. La couture la passionne et elle est douée. C'est l'amoureuse d'Hadrien depuis l'an dernier. Et il compte bien qu'elle le reste toujours, même s'il ne le lui a jamais dit. Il a six mois de plus qu'elle, mais elle est presque aussi grande que lui. Assez pour qu'il n'ait pas besoin de se pencher quand il lui colle soudain un bécot sur la joue.

— Oh ! fait-elle, étonnée, et ravie, de ce baiser volé.

— Bonne année ! lui souhaite Hadrien pour expliquer son geste.

Il sait qu'elle n'est pas contre un baiser ou un câlin, mais pas au milieu du cimetière où tout le monde peut les voir. C'est qu'il ne faudrait pas que les gens parlent… Ils doivent se cacher : elle n'a pas encore treize ans et ils ne se marieront que dans quatre ou cinq ans. Si leurs parents sont d'accord.

—Tu fais quoi ? demande-t-elle.

—Mon père m'a obligé à venir nettoyer les tombes.

—Et toi, tu t'es dit que c'était un endroit sympa pour lire un peu ? conclut-elle, moqueuse.

—Regarde ! répond-il sans se vexer. C'est *L'Épatant* !

—Oui. Tu me l'as déjà montré hier… et avant-hier.

—Oh. J'avais oublié. Et toi, tu fais quoi ici ?

—Je te cherchais, ta sœur m'a dit que je te trouverais ici. Tu m'accompagnes chez ta tante Jeannette ? Elle a préparé une tisane pour le rhume de mon frère.

—Ton frère boit du pisse-mémé ? demande Hadrien, goguenard.

—Ma mère l'y force et c'est pas n'importe quelle tisane, c'est celle de Jeannette, elle a des pouvoirs magiques. Les gens disent qu'elle est sorcière… et même voyante !

—Pfff ! ils racontent n'importe quoi. C'est de la superstition. Ma tante connaît bien les plantes, c'est tout. Ta mère ferait mieux de l'emmener chez le médecin.

—Tu sais bien qu'on n'a pas les moyens, on n'a même pas de quoi changer la vitre dans la fenêtre de ma chambre, répond Simone avec une petite moue triste.

—Mon bricolage tient bien ? Tu voudras que je le renforce ?

—Non, ça va…

Hadrien se relève pour la suivre, époussetant de la main la neige qui s'est accumulée sur son pantalon. Il la dépasse d'une tête, il a déjà une carrure solide et des mains d'homme, comme si elles avaient grandi plus vite que le reste. Simone y glisse ses doigts fins et ils avancent doucement vers la sortie.

—Tu crois que ton frère sera remis pour la rentrée ? Parce qu'on doit faire un exposé ensemble sur les colonies d'Afrique en géographie.

—Ah, c'est donc ça ! Je me demandais pourquoi tu t'inquiétais pour lui. En fait, c'est à cause de l'école, soupire Simone en refermant la grille du cimetière derrière eux.

Elle le regarde, déçue, et ses yeux deviennent si sombres qu'ils paraissent noirs. Hadrien se mord les lèvres, il n'aime pas lui faire de la peine.

—Cet exposé, c'est important pour nous, tu sais? C'est pour le certificat!

—C'est important pour toi! Jules n'en a rien à faire du certificat. En juillet, il rentrera en apprentissage chez le vieux Marcel pour devenir maréchal-ferrant et, si ça ne tenait qu'à lui, il y serait déjà. Mais il n'aura ses douze ans que cet été, voilà tout.

—Mais moi je ne compte pas me contenter de faire le même métier que mon père, Simone. Et, si je veux quitter la ferme, il me faut faire des études au petit lycée. Et donc que je réussisse cet examen. Jules s'en fiche de me faire rater ça, il se sert de ce rhume comme prétexte. C'est lui l'égoïste.

—Il a les pieds sur terre, lui au moins. D'ici quelques mois, il aura un salaire et là, tu vois, on en a bien besoin!

—Mais moi aussi j'aurai un salaire bientôt et un bien plus gros, pour nourrir ma femme et mes enfants avec de la viande tous les jours, leur offrir des jouets à Noël et leur acheter tous les médicaments dont ils auront besoin, sans avoir à compter mes sous!

—Tes enfants? Et tu comptes les faire avec qui? Une fille que t'auras trouvée à la ville, dans ton lycée de riches?

Avec toi, bécasse, pense Hadrien, mais il est trop fier pour le dire et Simone presse le pas, visiblement très vexée. Ils avancent dans le village enneigé et silencieux vers la maison de la tante Jeannette, qui vit toute seule, avec son chat noir… son chat de sorcière! C'est vrai qu'elle connaît bien les plantes et il paraît même qu'elle fait passer les bébés; Hadrien ne comprend pas bien comment, mais Simone le dit toujours avec un air si convaincu qu'il ne demande qu'à la croire.

—D'accord. Te fâche pas. C'est juste que j'ai travaillé dur là-dessus et j'aimerais bien que le maître soit content.

—Le maître! Le maître! Y en a que pour lui! Tu lui as dit que ton père ne pourrait pas te payer le petit lycée?

—Non…

—T'en as parlé à tes parents au moins? Tu as demandé de l'argent à ton grand-père?

—Ben… l'occasion s'est pas présentée. Mon grand-père ne vient pas souvent. Mais je vais le faire !

—Et quand ? À la saint-glinglin ?

Ils arrivent devant chez la tante Jeannette, en haut de la grand-rue. Une voiture pétaradante passe près d'eux, c'est l'abbé de Vauclair qui vient dire la messe. Il leur fait signe, mais Hadrien ne le voit pas, troublé par la moquerie de son amie. Simone s'en aperçoit et lui sourit

—C'est grave si tu ne peux pas entrer au petit lycée ?

—Évidemment ! s'exclame le garçon, choqué qu'elle comprenne si mal ce que cela représente pour lui.

—Tu veux vraiment aller à la ville ?

—Oui, je veux continuer mes études et savoir plus de choses. J'aimerais apprendre le dessin technique pour créer des machines modernes, comme dans les romans de Jules Verne ! Des automobiles ! Je sais que tu n'as pas envie que je parte mais, quand je reviendrai au village, j'aurai un métier qui rapporte beaucoup d'argent et ça changera tout pour ma famille.

—Alors, répond-elle d'une toute petite voix, courage, mon Hadrien!

Elle l'embrasse au coin de la lèvre et il lui prend les mains et les serre contre lui, avec un grand sourire pour la remercier; il sait bien qu'elle a peur d'être séparée de lui. Lui aussi, bien sûr, mais il est plus réaliste, il sait qu'il lui offrira une vie plus belle s'il revient au village avec un diplôme d'agronome ou d'ingénieur. Il est heureux qu'elle ne s'oppose pas à ses rêves malgré ses propres peurs, c'est vraiment la fille qu'il veut épouser. Il repart vers chez lui bien décidé à discuter avec son père de la suite de ses études.

Plongé dans ses réflexions, il n'a pas remarqué qu'une nouvelle boîte aux lettres a poussé comme par magie sur le mur de la maison des voisins, juste en face de chez lui.

Couverture du magazine *L'Épatant*

Chapitre 3

1ᵉʳ janvier 2014

FRANCK ! MARION SORT AVEC FRANCK ! ADRIEN est désespéré. De retour du cimetière, il passe devant la maison de son amie au coin de la rue. Ils sont presque voisins. C'est une bicoque minuscule avec un drôle de balcon en fer forgé. D'habitude, il jette toujours un petit caillou à la fenêtre de la chambre de la jeune fille et, quand elle est là, elle écrit un message secret sur un bout de papier, en fait une boule et le lance du balcon. En général, c'est du genre : « Devinette. Je suis un garçon de treize ans, je dois offrir un beau cadeau à ma voisine pour Noël et je suis drôlement mal coiffé ce matin. Qui suis-je ?» Il les récupère, gribouille une réponse comme : «Charade. Mon premier est le féminin de "mon", mon deuxième est très joyeux, mon troisième veut dire "toi et moi", Mon tout est la meilleure amie de… la réponse à ta devinette. Qui suis-je ?» et il essaie de le renvoyer. Ils peuvent continuer longtemps comme ça – le plus souvent, la boule de papier finit chez le voisin ou dans la gouttière.

Mais, aujourd'hui, Adrien enfonce la tête dans le col de son blouson. Les larmes chaudes continuent de couler sur ses joues glacées. Dans l'avenue en contrebas, on entend le son feutré d'une voiture roulant tout doucement sur la neige. Aujourd'hui, il n'y aura ni caillou, ni boulette de papier de Marion.

Au lieu de ça, pense-t-il, *c'est ma mère qui va me tomber dessus dès que j'aurais ouvert la porte.*

Elle va voir ses yeux rouges, elle va lui demander si «quelque chose cloche à l'école», comme d'habitude, et elle va encore l'appeler «mon biquet chéri». Il a horreur qu'elle l'appelle «mon biquet chéri». Toute cette attention, toute cette gentillesse… il va avoir du mal à la supporter. Il ramasse un paquet de neige dont il se barbouille le visage, ça efface les larmes. Et puis, avec sa peau toute rouge de froid, sa mère ne remarquera peut-être pas ses yeux gonflés. Il hésite devant la porte d'entrée. Alors des images lui viennent en tête malgré lui : Marion sur les genoux de Franck, l'amour dans ses yeux, sa main dans la sienne. Finalement, il pousse la porte. Mieux vaut encore affronter sa mère.

Une petite fille aux cheveux en bataille lui saute au cou.

—Coucou, Adrien !

Il s'efforce de sourire.

—Coucou, Éloïse.

C'est sa petite sœur ; elle a six ans et un merveilleux sourire.

—Regarde ! Regarde ! crie-t-elle. J'ai fait un dessin pour toi !

Pendant qu'il retire son blouson et ses baskets trempées, elle lui fourre une facture de gaz dans la main.

—Qu'est-ce que c'est que ça ? dit-il.

—Mais non! De l'autre côté, idiot! fait-elle en riant et en retournant la feuille.

Au verso, elle a dessiné un chevalier en armure devant une tour, où une princesse l'attend à la fenêtre. Éloïse n'a jamais été très douée en dessin et le chevalier ressemble à une courgette avec des allumettes à la place des bras.

—C'est… c'est magnifique.

—Regarde le prince: tu as vu qui c'est?

Adrien n'a pas envie de faire de peine à sa sœur, mais il est trop triste pour jouer aux devinettes. Il n'a qu'une envie, c'est de monter dans sa chambre et de fermer la porte à clef avant de croiser sa mère.

—Je ne sais pas. Euh… c'est papa?

Le sourire disparaît du visage d'Éloïse, remplacé par un air sombre et deux yeux au bord des larmes.

—Pas du tout, c'est toi! Il est nul, mon dessin!

Elle se met à pleurer et monte l'escalier. Il bafouille une excuse et manque de se cogner à sa mère qui sort de la cuisine en pyjama, une tasse de café à la main.

—Bonjour, Adrien, fait-elle avec un grand sourire. Oh là là! tu as le nez tout rouge! Où étais-tu passé?

—Bonjour, m'man.

Elle fronce les sourcils en scrutant son visage et, tout à coup, elle prend cet air plein de compassion qu'il déteste tant.

—Mais tu as pleuré! Qu'est-ce qui s'est passé?

—Non, je n'ai pas pleuré, ment-il.

—Mon biquet chéri!

Et voilà, il était sûr qu'elle dirait ça. Elle le serre contre elle à lui faire mal. Il sent son parfum bon marché, le contact tiède et rugueux du pyjama.

—Il faut que…, dit-il en essayant de se dégager de son étreinte. Il faut que…

Il cherche désespérément un prétexte pour aller dans sa chambre.

—Il faut que j'aille écrire mes cartes de vœux!

Sa mère est surprise, mais elle le relâche aussitôt.

—Des cartes de vœux? C'est une très bonne idée, ça. Pour le nouvel an, je croyais que les garçons de ton âge s'envoyaient des textos.

Rien que d'entendre le mot «texto», il repense à celui de Marion et il sent de nouveau les larmes lui monter aux yeux.

—Tiens, prends mon carnet d'adresses, tu en auras besoin pour écrire à ton cousin Hadrien! dit-elle alors qu'il a déjà monté les premières marches de l'escalier. Ça fait des années qu'on ne l'a pas vu!

Il ne répond même pas, il prend le carnet d'adresses, monte les marches quatre à quatre et claque la porte de sa chambre derrière lui. Mais quelque chose coince le battant.

C'est la poupée d'Éloïse, quel imbécile! Un des bras a été déboîté sous le choc. Sa petite sœur apparaît dans l'encadrement de la porte et pousse un cri en voyant le bras en plastique. Elle éclate en sanglots et s'enfuit en courant dans le couloir avec les morceaux de sa poupée.

—Je... je suis désolée, Éloïse. Attends, je vais remettre le bras en place.

—Tu es un méchant! crie-t-elle en se réfugiant dans sa chambre. Je ne t'aime plus!

Adrien referme la porte et reste un long moment debout contre le battant, contemplant ses posters. D'un côté, une affiche de Batman, de l'autre un Picasso en poster : l'homme parfait et le peintre parfait. C'est Marion qui lui a offert le Picasso, l'été dernier.

Son regard se pose sur la boule de vêtements sales au bas du lit et sur son bureau en fouillis, couvert de tubes de peinture. Il s'assoit sur sa chaise et prend machinalement dans ses mains le roman que la prof de français leur a demandé de lire *Le Tour du monde en 80 jours* de Jules Verne. Sur la couverture, il y a une montgolfière et, à l'intérieur de la nacelle, un homme tire à bout de bras un autre personnage qui agite les jambes dans le vide.

Alors Adrien décide de se venger de Franck sur un dessin. Il prend une feuille vierge et, rageusement, commence à tracer des lignes et des courbes : il commence par l'arrondi d'une montgolfière, puis il se représente lui-même à l'intérieur avec un chapeau haut de forme, comme le personnage de Jules Verne. Et au lieu du second personnage, il dessine Marion, qu'il arrache du sol à la force de ses bras. Avec un sourire sinistre, il esquisse la silhouette de Franck tout en bas de la page et lui colle un énorme sac de sable sur la tête, tombé de la nacelle.

D'abord il esquisse un sourire satisfait. Mais une fois le dessin terminé, il trouve le visage de Marion tellement réaliste qu'il retourne la feuille pour ne plus la voir.

Tout à coup, il sent vibrer son téléphone sans sa poche. Il fait un bond, renversant ses crayons et ses papiers : c'est un texto. Est-ce que c'est Marion ?

Attention, vous venez d'épuiser votre forfait bloqué 150 SMS par mois.

Génial.

Et maintenant il va falloir qu'il écrive des cartes de vœux, sinon sa mère va le harceler jusqu'à ce qu'il s'y mette. Elle voudrait toujours qu'il se rapproche de son cousin du côté de son père, elle dit qu'à cause du divorce, il risque de le perdre de vue et que ce serait dommage. Adrien se demande ce qu'il y aurait de dommage à « perdre de vue » un cousin comme Hadrien Lerac, ce petit prétentieux... Il attrape la première feuille qui lui tombe sous la main et commence à écrire. Ils portent presque le même prénom, tous les deux, mais ils ne se sont jamais entendus.

Cher cousin,

Je te souhaite une très bonne nouvelle année.

Comment vas-tu depuis la dernière fois qu'on s'est vus avec papa, aux vacances d'été au bord du lac ?

De mon côté...

Il réfléchit à ce qu'il va écrire.

... tout va bien. Je sors avec Marion, tu sais, la fille hyper jolie dont je t'avais parlé quand on s'était vus il y a deux ans.

C'est faux, mais ce sera vrai pour le cousin Hadrien et c'est déjà une petite victoire.

À l'école, ça va bien, je suis le premier de la classe, une fois de plus.

Ça non plus, ce n'est pas vrai, mais Hadrien se vante toujours de ses bonnes notes et ça lui fera les pieds.

Maman va bien, tu devrais la voir, elle
est super belle avec sa nouvelle coiffure.

Ça ne lui plaira pas non plus : la maman d'Hadrien se teint les cheveux n'importe comment et il en a honte.

Je t'embrasse, Adrien.

Il ne s'aperçoit pas qu'il vient d'utiliser la feuille sur laquelle il vient juste de faire son dessin de montgolfière. Il plie la feuille et la glisse dans une enveloppe. Inutile d'acheter une belle carte pour le cousin, tout de même.

Corbeny n'est qu'à vingt kilomètres et pourtant ils ne se sont vus que deux fois de toute leur vie. On ne peut pas dire que les liens soient très forts avec ce côté de la famille…

Il enfile son manteau, et sort dans la rue déserte. La boîte aux lettres la plus proche est à dix minutes de marche sur l'avenue, autant dire qu'il a tout le temps de se geler avant d'y arriver. Il frissonne, remonte son col et s'aperçoit, stupéfait, qu'une nouvelle boîte aux lettres a été installée juste devant la maison. C'est bizarre, elle doit être toute neuve ; en fait, il aurait même juré qu'elle n'était pas là tout à l'heure. Ce qui est encore plus bizarre, c'est qu'elle a un air vieillot et elle est déjà rouillée aux angles. Et puis elle est bleue au lieu d'être jaune…

En tout cas, il y a bien marqué « La Poste » dessus avec des horaires de levées. Après tout, se dit-il en haussant les épaules, c'est une chance, ça lui évitera de marcher jusqu'à l'avenue…

Il y glisse son enveloppe puis il rentre au chaud à la maison.

Chapitre 4

3 janvier 1914

— Hé ! Hadrien !

Le garçon se retourne pour voir qui l'appelle. C'est le facteur. Lancé à toute vitesse sur son bolide à deux roues, il le dépasse en descendant la rue vers Craonne. Hadrien aimerait avoir un tel vélo, mais ça coûte si cher qu'il ne fait qu'en rêver. Peut-être en aura-t-il un lui aussi plus tard, si ses études lui permettent d'obtenir un bon emploi, avec un salaire élevé ?

— J'ai posé un courrier pour toi chez ta mère ! lui crie-t-il, déjà presque au bout de la rue. Je suis pressé, j'suis en retard pour la levée de 16 heures !

— C'est mon illustré ?

Mais le facteur est déjà loin. Bah, c'est sûrement ce qu'il lui a déposé. Même en comptant le jeudi férié, normalement, le samedi matin, *L'Épatant* devrait être là ! À Corbeny, le facteur passe le matin et le soir car la plupart des gens écrivent énormément ; ils sont abonnés à des journaux, à des revues. Hadrien a entendu parler d'une drôle de machine qui fonctionne à l'électricité et qui permet de parler à des gens très loin, on appelle ça le « téléphone ». Le facteur dit qu'un jour tout le monde en aura un chez soi et on n'aura plus besoin de s'envoyer du courrier. En attendant, les gens s'envoient des tas de lettres tous les jours.

Il file chez lui pour récupérer son illustré, remontant la grand-rue à pas de géant, de ses longues jambes d'adolescent vite monté en graine. En chemin, il rattrape sa sœur aînée. Elle porte avec peine deux lourds paniers chargés de pommes de terre.

—Il y a encore des paniers pour nous chez tante Jeannette. Va les chercher!

—Lucienne! j'ai encore des devoirs pour la rentrée!

—Et tu vas me laisser aller et revenir ainsi chargée?

—C'est pas mon travail, c'est le tien!

—Tu veux que j'en parle à papa?

La moue d'Hadrien vaut pour un signe de défaite. Bien sûr que non, il n'a pas envie que sa peste de sœur rapporte cela à leur père. Pour qu'il se prenne une raclée? Non merci!

Le jeune homme fait donc demi-tour, la mort dans l'âme. L'or du soir roussit déjà le ciel d'hiver quand il atteint la maison, au toit couvert de neige. Il frappe à la lourde porte de bois, et la chaleur du feu le happe lorsque sa tante lui ouvre en grand. Elle est petite et replète, son visage ressemble à une pomme reinette toute ridée et elle a beau avoir une drôle de réputation, c'est la personne la plus gentille qu'Hadrien connaisse. Elle est restée vieille fille, ce qui est plutôt rare, et elle sait lire, elle connaît même le latin, ce qui est encore plus rare! Sa maison est minuscule et il y a autant de bazar que dans la chambre d'Hadrien : des plantes sèchent à toutes les poutres, des bouteilles et des boîtes s'amoncellent sur la table au milieu de la pièce et des livres s'entassent sur la commode. Tante Jeannette occupe son temps à faire des tisanes et des potions de plantes pour les habitants du village, elle aide les femmes à accoucher, elle passe le feu aussi, quand quelqu'un se brûle gravement. Alors, même si elle n'a qu'un petit potager et une unique chèvre, elle mange toujours à sa faim, car on lui paie ses services en nature. Un lapin, des œufs, une salade... elle a tout ce qu'il lui faut.

Aussi généreuse que son père est rapiat, sa tante lui donne non pas deux, mais quatre paniers.

— C'est incroyable, ça, comme tu grandis ! Tiens, prends-en deux de plus, sinon, y aura jamais assez pour nourrir un solide gaillard comme toi.

— Comment fais-tu pour avoir autant de patates ? Ton potager est tout petit !

— J'ai ce qu'il faut quand il faut ! dit-elle avec un clin d'œil.

Chargé comme une mule, les mains sciées par les anses d'osier, Hadrien reprend le chemin de la maison. Il se demande si tante Jeannette utilise sa magie pour faire pousser ses patates. Il les regarde, comme si elles allaient se mettre à briller, mais ce sont de banales pommes de terre et il se sent un peu idiot : si sa tante est une sorcière, elle n'en fait pas pour autant des patates scintillantes ! Enfin arrivé, il pose lourdement les paniers sur la grande table de la cuisine. Marthe, sa petite sœur, est occupée à baratter le beurre, peinant à tenir le rythme. En le voyant arriver, elle s'arrête et roule des yeux gourmands : encore dodue, elle se régale des gratins de pommes de terre que prépare leur mère, avec la crème épaisse et délicieuse dont elle a le secret. Elle souffle, toute rouge, et ses mèches blondes sont collées de sueur sur son grand front. Hadrien adore sa petite sœur, il la trouve belle et douce, alors que Lucienne est sèche et sans charme. Leurs caractères sont à l'avenant : Lucienne use et abuse de sa position d'aînée pour donner des ordres à Hadrien. Depuis qu'il l'a dépassée en taille, elle se rabat sur Marthe, qui subit sa mauvaise humeur la plupart du temps.

Soudain, le père pousse la porte à la volée et fusille Hadrien du regard.

—C'est pas trop tôt! Les vaches attendent que t'ailles les traire! Tu les entends?

—Mais, c'est Lucienne qui..., proteste Hadrien sous les yeux de sa sœur, qui ne fait rien pour le secourir.

—Tsss... t'as encore traîné avec ta copine Simone?

—Marcel, intervient sa mère en descendant l'escalier, tu vois bien qu'il a aidé Lucienne à porter des pommes de terre!

—Mouais.

—Et il a du courrier, laisse-lui le temps d'y jeter un œil avant de le renvoyer dehors.

Maugréant, le père lui désigne une lettre sur le buffet. Marthe, sa sœur cadette, la saisit pour la lui donner, comme si elle n'attendait que ça depuis que le facteur est passé. Il faut dire qu'il n'y en a pas souvent!

—C'est quoi? demande la petite, curieuse.

—C'est une carte de vœux, répond Hadrien. Elle vient de Laon. J'ai du mal à lire le prénom. Et le timbre est bizarre.

—Qui c'est qui t'écrit, à toi? demande le père. Puis, se tournant vers sa femme:

—Un de ta famille?

—Sans aucun doute. C'est adressé à Hadrien Lerac, de mon nom de jeune fille. Heureusement il n'y a qu'un seul Hadrien au village et le facteur a pensé à nous, sinon elle se serait perdue. Il doit s'agir de Théodore, le fils aîné de ma sœur Béatrice. Il va falloir lui répondre. Hadrien, c'est à toi de le faire, c'est important.

—Et qui va traire les bêtes avec moi? grogne le père.

—Lucienne n'a qu'à le faire, Marthe m'aidera à la soupe, répond maman, sans écouter les protestations de son aînée.

—J'ai besoin de lui à la ferme, Louise, tu ne peux pas lui trouver des excuses tout le temps!

—Ma sœur est toujours généreuse avec nous, c'est elle qui nous envoie des vêtements, c'est la moindre des choses que de la remercier de son attention. Et puis je serais contente qu'il entretienne une correspondance avec Théodore, c'est un bon exercice d'écriture.

—Parce que ça va lui servir pour la ferme? Regarde-moi, j'en ai pas besoin!

Hadrien hoche la tête, sans un regard pour son père. Il n'est pas allé à l'école, lui. Il ne sait même pas lire ! C'est sa mère qu'Hadrien cherche des yeux et son sourire complice lui réchauffe le cœur. Elle lui a offert une belle occasion de rester au calme pour faire ses devoirs, une fois de plus ! Il va d'abord écrire la lettre, autant se débarrasser tout de suite de cette corvée. La famille de sa mère, bien plus fortunée que la sienne, a des manières. Ce sont des gens de la ville, qui ont de l'instruction. Il ne sait pas bien comment répondre à cette manifestation d'intérêt soudaine et inattendue. Il observe l'enveloppe et le timbre plus attentivement. Celui-ci est nouveau et assez étonnant : c'est le tableau d'un peintre qu'il ne connaît pas, un certain Braque. Et le nom au dos n'est pas celui de Théodore, mais d'un certain Adrien. Adrien Lerac. Le nom de la rue, Jean-Jaurès, lui évoque quelque chose sans qu'il arrive à savoir quoi. Ce qui est étrange en tout cas, c'est qu'ils ont presque le même prénom ! Peut-être est-ce un autre cousin, qu'il ne connaît pas ? Il décachette la lettre pour vérifier son hypothèse.

Cher cousin,
Je te souhaite une très bonne nouvelle
année. Comment vas-tu depuis la
dernière fois qu'on s'est vus avec papa,
aux vacances d'été au bord du lac? De
mon côté...

Bien sûr! c'est le fils de l'oncle Paul, le frère cadet de sa mère! Ils les ont rencontrés l'an passé au lac de l'Ailette. Le père avait râlé parce qu'ils avaient perdu une journée de travail alors que la moisson approchait mais, au moins, ils avaient bien ri. Il se souvient de son costume de bain un peu ridicule, une grenouillère blanche, rayée de bleu. Ce qui est franchement bizarre, c'est qu'il est persuadé que ce cousin s'appelle Antoine et il n'est pas du genre à se tromper dans les prénoms. Comment il a pu l'oublier, cet Adrien?

Qui est cette Marion dont il lui parle? Il dit «sortir avec elle» et devine, sans avoir besoin de saisir le vocabulaire, qu'il s'agit d'une affaire de cœur. «Premier de la classe»... Oui, bon, c'est pas la peine de se vanter non plus... Ah oui? Sa mère est « jolie » ? Grand bien lui fasse… Quel bêcheur, ce cousin ! Il parle mal, il écrit comme un cochon, il se trompe de nom sur l'enveloppe.

Hadrien sort son plumier de sa besace d'écolier, la trempe dans l'encrier et débute son courrier en prêtant beaucoup de soin à former de belles boucles et des arrondis parfaits ; il ne va pas écrire comme un goret, lui !

Cher Adrien,
Bonne année à toi, pour moi tout va aussi pour le mieux : je compte bien obtenir pour la septième année d'affilée le prix d'excellence…

Paf, dans les dents, le cousin.

… ce qui me vaut l'admiration de ma famille…

C'est faux, mais ce sera vrai pour cousin Adrien !

… et de ma douce amie, Simone. J'aimerais te la présenter, tu lui trouverais sans doute beaucoup de charme, car elle n'a pas besoin de s'apprêter comme à la ville pour être jolie.

Et toc !

J'espère te voir bientôt puisque je serais au petit lycée l'an prochain à Laon.

Enfin, ça, ce sera s'il a son certificat d'études avec des notes suffisantes pour une bourse et, surtout, si son père donne son accord…

Tu m'apprendras les mots de la ville parce que je trouve que tu parles de façon bien étrange.

Hadrien espère qu'il ne se moquera pas de lui, mais il a qu'à parler bon français ! Par exemple, qu'est-ce que ça signifie, « super » ? Il n'a jamais entendu ce mot-là à Corbeny !

Je t'embrasse, Hadrien

Quand le père revient de l'étable, Hadrien a recopié sa lettre sur du papier fin comme une pelure d'oignon. Il tend le feuillet à son père qui le regarde avec suspicion.

— T'as été poli au moins ? T'as pas fait de fautes ?

Il ne saurait même pas les voir, pense Hadrien. Quel nigaud ! S'il ne veut pas passer pour un idiot, il n'a qu'à apprendre à lire.

Il sort pour aller à la poste du village quand il remarque la nouvelle boîte aux lettres jaune qui a été installée juste en face de leur maison. Il est surpris par sa drôle de couleur : d'habitude, elles sont bleues. Mais il y glisse quand même son enveloppe en haussant les épaules. Peut-être que c'est une nouvelle boîte aux lettres, peut-être même qu'à la ville elles sont déjà toutes de couleur jaune depuis bien longtemps.

Ce n'est qu'en rangeant ses affaires qu'il remarque le magnifique dessin de montgolfière au dos de la lettre d'Adrien. Pour sûr, un aussi beau croquis suppose qu'il l'a vue en vrai ! Il y a des personnages, une espèce de clown très amusant qui reçoit un sac de sable sur la tête, une jolie fille avec un pantalon et un richard en chapeau haut de forme. Mais, ce qui retient son attention, c'est la montgolfière… Elle est si belle, si précisément représentée qu'il la scrute dans ses moindres détails, jusqu'à s'endormir. Il est agaçant, mais il dessine quand même drôlement bien, ce cousin de la ville !

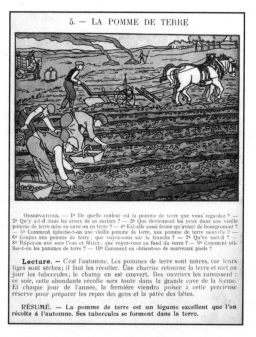

Page d'un manuel scolaire illustrant la culture de la pomme de terre

Chapitre 5

ADRIEN N'A JAMAIS AIMÉ LES RENTRÉES APRÈS les vacances de Noël mais, celle-là, c'est vraiment la pire de sa vie. À l'idée qu'il risque de croiser Marion avec Franck au collège, main dans la main, il n'a qu'une envie, c'est de rester chez lui.

Il secoue ses baskets pleines de neige contre les grilles et passe devant le surveillant impassible. Puis il jette un coup d'œil à la jolie façade en brique, à la petite cour qui se remplit d'élèves : ouf, pas de Marion en vue. Normalement, ils se retrouvent plusieurs fois par jour pour s'échanger les potins et se raconter leurs soirées : dans les couloirs, à la cantine, dans la cour… Il va essayer d'éviter les endroits habituels pour ne pas la croiser, mais ça va être difficile.

Au fond, qu'est-ce qu'il fiche encore ici ? À quoi ça sert, d'aller en cours ?

Maman lui dit que ça lui permettra d'avoir un travail plus tard, mais il n'y a pas d'emploi dans la région. Dans sa classe, un élève sur deux a des parents au chômage. Papa aussi disait que c'était important. Mais il est où, papa ? Quelque part en Asie avec sa nouvelle femme, bien loin d'ici.

« Je compte obtenir pour la septième fois d'affilée le prix d'excellence » dit le cousin Hadrien dans sa lettre.

Et gna-gna-gna. Tu parles ! Qu'est-ce qu'il a, celui-là, à lui répondre ? Il n'était pas obligé !

D'abord c'est quoi, le prix d'excellence ? Adrien n'en a jamais entendu parler. De toute façon, les filles s'en fichent des bons élèves. L'année dernière, avec Marion, ils révisaient ensemble leurs cours de maths… et maintenant elle sort avec un autre.

« …ma douce amie Simone… » disait la suite de la lettre.

«Simone», il y a encore des filles qui s'appellent comme ça? C'est un nom de mamie!

Il n'empêche qu'il a de la chance, le cousin, de sortir avec la fille qu'il aime.

«… elle n'a pas besoin de s'apprêter comme à la ville pour être jolie.»

Qu'est-ce qu'il a voulu dire? Il parle bizarrement, quand même. Est-ce qu'il insinue que Marion se maquille? Elle n'a jamais mis de rouge à lèvres!

Adrien fait soudain un bond en arrière: Marion et Franck juste à l'angle d'un couloir! Il la tient par la main, elle est en train de rire et de le regarder comme si le reste du monde avait disparu pour elle. Ses boucles brunes, son manteau de toutes les couleurs, sa manière de plisser les yeux qu'Adrien connaît par cœur… chaque détail d'elle est comme un coup de poignard. Pris de panique, il fait demi-tour en catastrophe et se cogne dans une autre fille qui arrive en face.

—Pardon, excuse-moi, dit-il sans savoir à qui il parle.

—Dis donc, tu es un vrai bulldozer!

C'est la nouvelle élève, une rousse plutôt jolie. Elle est arrivée il y a trois semaines.

—Je suis désolé, dit-il en s'esquivant.

—Il n'y a pas de mal. Tu t'appelles Adrien, c'est ça?

Il se tourne vers le mur et garde la tête baissée pendant que Marion et Franck passent au large sans le voir. Ouf, les voilà partis! Il soupire de soulagement et se décrispe un peu.

—Moi, c'est Sarah, dit la rousse.

Il avait oublié son nom.

—Je sais, ment-il. Bienvenue à Laon, Sarah.

En son for intérieur, il ajoute *même si c'est un trou perdu*.

Elle sourit.

—C'est gentil, personne ne me l'avait encore dit! Dis donc, samedi prochain, c'est mon anniversaire et je fais une fête, tu pourrais venir?

—Oui, bien sûr! Merci de m'inviter.

Il ne peut pas refuser. D'habitude, Adrien va toujours au-devant des nouveaux pour les aider à s'intégrer, il s'en veut de ne pas l'avoir fait avec Sarah.

—Génial! crie-t-elle si fort qu'il sursaute. Ça me fait super plaisir!

Comme pour le remercier, elle lui fait la bise sur les deux joues et part comme une flèche dans le couloir.

Depuis le texto du cimetière, Adrien n'a plus le cœur à rien. Ni à dessiner, ni à bouquiner, ni à sortir. Passer son temps à jouer sur l'ordinateur, ça va encore. Au moins il ne pense à rien pendant qu'il dégomme des monstres imaginaires qui explosent en poussant des cris.

Sa leçon de géographie, il a vraiment essayé de l'apprendre. Pendant les vacances, il s'est mis à son bureau, il a sorti son cahier, il a ouvert son manuel à la bonne page. Seulement il n'a pas réussi : les lignes sautaient toutes seules devant ses yeux chaque fois qu'il commençait à les lire. Un ennui mortel lui pesait sur les épaules.

« Les empires coloniaux européens à la veille de la guerre, en 1914. »

Ça intéresse qui, franchement ?

Jusqu'à présent, Adrien étudiait ses leçons parce que ça faisait plaisir à sa mère. Mais maintenant il s'en fiche. Il se fiche de tout.

—Alors, Adrien, ces vacances? fait une voix hilare dans son dos, quand il traverse un couloir. Tu l'as enfin emballée, ta chérie?

C'est Willy, un de ces ados trop vite grandis, qui passe son temps à envoyer des textos cochons à toutes les filles et des boulettes de papier mâché du fond de la classe. Comment il a su pour Marion? Oh, mais bien sûr, c'est facile: tout le monde doit le savoir. Adrien n'est pas très discret, il n'arrête pas de parler d'elle.

—Tu vas lui casser la figure, au troisième qui lui roule des patins dans la cour, hein?

Willy éclate de rire et, avec lui, ses deux copains qui le suivent partout comme son ombre. Adrien baisse la tête et ne répond rien. Il retient ses larmes, de toutes ses forces, pour ne pas avoir honte devant tout le monde.

Dans la salle, les chaises raclent sur le linoléum, les autres élèves ôtent leurs gros manteaux, leurs écharpes. Autour des radiateurs, des groupes se forment, des rires fusent, des chuchotis aussi. Adrien jette un regard jaloux à Tom, qui embrasse Sarah, la nouvelle élève. Il n'a pas perdu de temps, celui-là.

— Salut, lui dit Maxime, son voisin de table.

Adrien lui fait un signe de la tête par politesse.

— J'ai eu un iPhone 5 pour Noël, tu veux le voir ? fait-il en sortant son téléphone de sa poche. Il y a plein de nouvelles fonctions… Au fait, tu as quoi, toi, comme portable ?

Maxime est plutôt gentil, mais qu'est-ce qu'il est soûlant ! Adrien soupire et sort son vieux téléphone, celui qui coûtait un euro avec le forfait de douze mois. L'autre fait la grimace, puis lui jette un regard de pitié bienveillante.

La prof d'histoire-géographie entre en coup de vent dans la classe, son ordinateur portable sous le bras, et claque la porte derrière elle. C'est une petite femme à lunettes, de l'âge de sa mère, qui a un don pour faire le silence dans la classe.

— Bonjour et bonne année, les enfants !

—Bonne année, madame, répondent timidement quelques élèves du premier rang.

Les autres sont trop occupés à ranger leurs portables avant de se les faire confisquer.

—Alors, vous avez bien profité de vos vacances pour apprendre votre leçon, n'est-ce pas?

Cette fois, personne ne répond. Tout le monde craint l'interrogation surprise.

—Dans ce cas, rangez vos manuels dans vos cartables, prenez une copie et un stylo. Ce sera votre premier contrôle de l'année!

Elle se retourne vers le tableau blanc et commence à écrire: «Les principales colonies françaises, en 1914». Suivent cinq questions de connaissances.

—Dans trente minutes, je ramasse les copies!

La catastrophe!

Adrien devient blanc comme un linge. Les principales colonies françaises? Euh…

Il essaie désespérément de se souvenir de la leçon d'histoire d'avant les vacances. Des images de cartes colorées lui reviennent: des lignes, des petits carrés qui figurent les villes, les noms de pays d'Afrique qui se mélangent dans sa tête. La prof passe dans les allées, les mains dans le dos.

Il couche quelques mots sur le papier : « En 1914, la France possède le second plus grand empire colonial du monde, après la Grande-Bretagne... »

Et ensuite...

Ensuite quoi ? Rien ne lui revient. L'Indochine, l'Algérie...

Et puis, soudain, tout devient calme dans son esprit. Il regarde autour de lui : les têtes sont penchées sur les tables, les stylos grattent le papier, il croise un ou deux regards furtifs. Sarah, à l'autre bout de la classe, lui sourit gentiment puis replonge dans sa copie.

Il prend sa règle et, d'un trait parfait, raie sa première phrase sur le second plus grand empire colonial. C'est la première fois de sa vie qu'il aura un zéro ; et alors ? Tant pis, il n'en mourra pas. Après tout, qu'est-ce qu'ils vont lui faire ? Le mettre en prison ? Tu parles, ils ne feront rien du tout. Au lieu de faire son devoir, il arrache une feuille de son cahier de brouillon et décide de rédiger une réponse cinglante au cousin Hadrien.

Cher cousin,
Ton prix d'excellence, moi je pourrais l'avoir aussi, si je voulais.
J'ai mieux à faire, c'est tout.
J'en ai marre qu'on me donne des leçons. Quand je serai grand, je serai artiste peintre et pour ça, je n'ai pas besoin des félicitations du jury et de ton prix d'excellence.
Et puis je ne sais pas comment est ta Simone mais, Marion, c'est la plus jolie, la plus gentille, la plus chouette des filles. Et je te signale qu'elle ne se maquille pas.

Non mais!
Après ça, il retourne sa copie et, comme toujours quand il est triste, il se met à dessiner…

En sortant de la salle, il essaie de se mêler aux autres élèves, mais la prof l'interpelle depuis son bureau. Il se retourne et va la voir en traînant les pieds.

—Adrien, peux-tu m'expliquer ceci?

Elle tient dans sa main sa copie entre le pouce et l'index. Au verso, il a écrit son nom, sa classe et la date – avec la phrase barrée sur le second empire colonial. Et, au recto, il a fait un croquis de Touaregs sur un chameau au milieu des dunes du Sahara, avec le chèche sur la tête et le vieux fusil au canon interminable. Il l'a recopié de mémoire depuis l'image du manuel.

—Tu as un joli coup de crayon, mon garçon, fait-elle en le regardant droit dans les yeux.

Il rougit et baisse la tête.

—Écoute, ça ne me dérange pas de mettre un zéro à un zigoto qui passe son temps à faire l'imbécile au fond de la classe…

Elle prend une autre copie de la pile; c'est celle de Willy, elle est presque blanche.

—… mais je suis très triste de t'en mettre un à toi, Adrien. Qu'est-ce qui s'est passé? Tu as toujours bien appris tes leçons jusqu'ici. Je ne comprends pas.

Adrien ne répond rien.

Une unique larme coule sur sa joue et il s'enfuit de la classe en courant.

Chapitre 6

DEPUIS LUNDI DERNIER, L'ÉCOLE A REPRIS ; fini les corvées des vacances d'hiver ! Hadrien est heureux d'entrer tous les matins dans la petite salle qui tient lieu d'école pour les garçons, au-dessus du bureau du maire. Les filles ont cours dans une autre salle, avec leur propre maîtresse, et Hadrien ne retrouve Simone qu'à la sortie des classes, à sa grande peine. Ses galoches raclent sur le plancher vieilli, incrusté de blanc crayeux, taché de bleu. Le poêle ronronne. L'odeur d'encre fraîche, que le petit Marcelin verse dans les encriers en essayant de ne pas se tacher, donne le sourire à Hadrien. Il avait, lui aussi, été chargé de cette mission quand il était entré en onzième. À l'époque, c'était le vieux maître Pierre qui s'occupait de la classe. Maître Julien l'a remplacé il y a deux ans, quand Hadrien est entré en sixième.

C'est un jeune homme d'à peine vingt-cinq ans. Assis à son bureau, sur l'estrade, il est plongé dans un épais manuel. Ses cheveux taillés court et sa petite barbe le vieillissent mais il garde un air juvénile, comme s'il était leur grand frère et non leur maître. Ses doigts fins tapotent la lourde règle de bois dont il ne s'est jamais servi pour les frapper, contrairement à son prédécesseur. Sa sérénité ne semble pas pouvoir être troublée par quiconque. Pourtant Lucien et Edmond taquinent Marcelin en menaçant de lui lever le coude, ce qui déverserait un flot d'encre sur le bureau, André et Ernest bavardent et P'tit Louis tape ses gros godillots à l'entrée pour en faire tomber la neige.

Hadrien ne voit pas Jules, le frère de Simone. Qu'a-t-il préféré faire? Traire les vaches? Couper du bois? Ou tout simplement vagabonder un peu sur le chemin pour venir. S'il ne vient pas aujourd'hui, alors qu'Hadrien a déjà dû faire l'exposé pratiquement tout seul, ça sera le comble! Quoique… après tout, il se débrouillera bien sans lui, ça évitera même que Jules ne dise des bêtises!

Hadrien ne rejoint pas tout de suite sa place, car il n'a pas envie de subir les vantardises de Lucien. C'est son voisin de derrière et c'est aussi son rival pour la place de premier de la classe. Il exhibe fièrement une montre qu'il a sans doute eue à Noël. Son père est le docteur du village, il est riche et Lucien ne se gêne pas pour le signifier aux autres, ne ratant pas une occasion d'embêter Hadrien. Il attend sûrement que celui-ci s'approche pour annoncer le prix de son nouveau jouet!

Hadrien s'absorbe dans la carte d'Europe, affichée à gauche du tableau noir, pour éviter de paraître intéressé par son manège. Il s'attarde sur les frontières de la France, l'Alsace et la Lorraine que les Allemands ont prises aux Français en 1870, puis son regard dérive vers les pays nouveaux dans les Balkans. Il passe à la carte qui suit, un planisphère où les colonies sont en couleur: le jaune des possessions britanniques est omniprésent, mais l'éclat du bleu français donne aux rosbifs un teint verdâtre. N'empêche qu'ils sont plus étendus. Heureusement, les Boches n'ont que de petites taches vertes ici et là. Le maître n'aime pas qu'Hadrien pense comme ça. Il dit que l'entente entre les peuples commence par le respect de chaque individu. N'empêche que personne n'aime les fritz!

—Hadrien! s'exclame Jules, qui entre en courant, ébouriffé. Il paraît que tu as ramené tes illustrés?

Lucien a entendu et il n'a même pas l'occasion de faire un commentaire parce qu'au même moment maître Julien tape sur le bureau avec sa grande règle de bois, ordonnant par ce geste que chacun rejoigne sa place pour débuter la journée. Hadrien jette un regard triomphant au fils du médecin, puis fait un clin d'œil à son ami. Ils s'assoient tous et le silence se fait.

—Bonne année à tous, jeunes garçons! Qu'elle soit propice à vos études et que nos trois candidats au certificat de fin d'études fassent notre fierté!

Sans maître Julien, Hadrien n'aurait même jamais pensé à se présenter; en général, au village,

seuls un ou deux élèves par an le font et encore…
C'est toute une affaire, il faut préparer l'examen
avec soin, pendant plusieurs mois. Il se déroule
fin juin, devant des maîtres de tout le canton et
de beaux cadeaux sont offerts aux lauréats : livres,
dictionnaires et compte à la Caisse d'épargne.
Cela permet de devenir facteur, gendarme ou
cheminot. Ou même d'intégrer le petit lycée de
Laon, grâce à une bourse, puis le lycée pour un
jour entrer à l'École des arts et métiers. C'est le
rêve d'Hadrien : devenir ingénieur…

— Hadrien ! vous dormez ou quoi ? lui demande
le maître sur un ton si vif qu'il sort immédiatement
de sa rêverie. On vous attend pour l'exposé !

En se levant précipitamment, le jeune garçon
s'empêtre dans la bandoulière de sa besace et
manque de tomber, ce qui fait ricaner Lucien,
puis toute la classe. Jules l'aide à se redresser et en
profite pour lui souffler :

— Tu parles, hein ?

Cela convient au jeune homme, qui explique
de façon posée la situation coloniale de la France
jusqu'à ce que le maître l'interrompe, à la fin de
la seconde partie.

— Vous avez assez parlé, laissez donc la troisième partie à votre camarade : c'est un travail de groupe.

Jules le regarde, paniqué, et Hadrien lui passe ses notes. Hélas, il n'a pas écrit de façon très lisible et son ami s'emmêle les pinceaux : il mélange Inde et Cochinchine en parlant de cochon d'Inde, ce qui fait hurler de rire la bande de P'tit Louis, puis il évoque les « barbares » d'Algérie au lieu des Berbères. Le maître, impassible, le laisse finir en beauté avec les « macaques » de Nouvelle-Calédonie qu'il confond avec les Kanaks.

C'est la franche rigolade dans la classe, tout le monde se moque d'eux et Hadrien ne sait plus où se mettre, regardant avec inquiétude le bonnet d'âne sur l'armoire du fond, dont il a peur qu'on les affuble. Il sait que maître Julien n'aime pas du tout que l'on se moque des autres cultures et il s'attend au pire.

— Bon, bon, bon, commence le maître. Visiblement, seul Hadrien a travaillé et cela ne vous fait honneur ni à l'un ni à l'autre, car le travail de groupe nécessite une entente sur le partage des tâches. Certes, Hadrien, vous avez travaillé dur.

Mais je savais déjà que vous pouviez le faire, je vous avais demandé cet exposé pour tester votre capacité à travailler avec un camarade. Vous avez échoué. Jules, je ne vous félicite pas non plus, vous avez mis votre camarade dans une situation difficile. Vous aurez un nouvel exposé à faire, en vous répartissant le travail équitablement cette fois.

Hadrien retourne à sa place, la mort dans l'âme, et constate que Lucien en a profité pour lui voler son illustré.

—Rends-le-moi !

—De quoi ?

—Mon illustré, tu l'as dans la main !

—Qu'est-ce qu'il se passe encore ? demande le maître.

—Hadrien était en train de me montrer son illustré, répond Lucien d'un air innocent.

—Vous ne croyez pas que vous en avez assez fait pour aujourd'hui ? Donnez-moi ça et concentrez-vous sur votre travail ; le certificat ne va pas vous tomber tout cuit dans le bec !

Lucien ricane de son mauvais tour et Hadrien serre les poings. Il passe le reste de la journée à s'inquiéter de sa punition : encore un exposé avec Jules! Ça ne marchera jamais, son ami s'en fiche complètement de l'école, il ne pense qu'aux chevaux et à son futur apprentissage…

Quand il rentre enfin chez lui, sa mère est seule dans la cuisine, occupée à préparer le repas. Elle lui tend une tartine avec un sourire fatigué.

— Tiens, mon grand, prends des forces, ton père t'attend à l'étable.

— Mais, maman…

— Vas-y vite, il n'y a plus grand-chose à faire, Lucienne est déjà en train de traire. Vous aurez fini tôt et tu pourras travailler après le repas. En plus, tu as reçu une autre lettre, il faudra répondre.

— Encore? Papa va encore se plaindre que j'use les chandelles, peste Hadrien avec agressivité.

— Ne me parle pas comme ça, répond sa mère d'un ton las, je n'y suis pour rien et ce n'est pas en te fâchant perpétuellement que tu obtiendras ce que tu veux. Amène donc Marthe avec toi.

Il baisse le nez, un peu honteux. Quand elle lui tourne le dos pour remuer la soupe, il l'observe. Elle a les épaules voûtées, des mèches folles s'échappent de sa coiffure, un simple chignon, réalisé à la hâte. Sa robe est d'un bleu passé et son tablier sale, couvert de grosses taches. Elle a des petites rides au coin des yeux et la peau rougie par la chaleur du feu ; il a peine à imaginer qu'elle ait été une jolie demoiselle de la ville, autrefois. Vu la manière dont Adrien parle de sa mère dans sa lettre, elle doit être bien belle, avec ses robes délicates et sa coiffure soignée.

Hadrien est tiré de sa rêverie par sa petite sœur qui tire sur sa manche.

— Hadri ! tu me portes ?

— Marthe, tu as quatre ans, tu peux marcher toute seule !

— Tu me portes sur tes épaules ? insiste la petite.

— D'accord, cède Hadrien en souriant.

Elle sautille de joie, agitant ses belles anglaises. La petite a les cheveux naturellement bouclés, d'une couleur si pâle qu'ils semblent être des rayons de soleil qu'elle aurait attrapés et attachés à sa chevelure. Ses grands yeux bleus sont malicieux et elle est très câline. Elle est bien plus jolie que

Lucienne, dont la mauvaise humeur perpétuelle durcit les traits. En y pensant, Hadrien constate que Lucien a le même air constipé, ça doit être le prénom qui les rend si désagréables l'un et l'autre !

À l'étable, Marthe se précipite sur le foin pour en donner à sa vache préférée, Douce. Elle porte bien son prénom, celle-là aussi.

—Ah, te v'la ! Occupe-toi donc de Douce pendant que Lucienne termine avec Bretonne, et porte ton chaudron à la laiterie, que ta mère puisse faire le beurre.

Hadrien place son chaudron sous les pis de la vache et la trait avec douceur, Marthe la brosse et lui donne un peu de sel à la main. Puis les trois enfants portent les chaudrons remplis de lait dans la pièce d'à côté, plus basse de plafond et dont les fenêtres sont grillagées, pour éviter les mouches. De grands pots recueillent le lait tout frais. La mère se chargera au petit matin de recueillir la crème pour la mettre dans la baratte, la battre et obtenir du bon beurre blond. C'est ainsi qu'ils gagnent leur vie, avec la crème et le beurre qu'ils fabriquent pour le village. Il est si goûteux qu'ils fournissent aussi deux restaurants des environs.

Après avoir bien travaillé, les cinq membres de la famille profitent pleinement de la soupe aux choux et de la salade de pommes de terre proposées par la mère. Quand enfin le repas s'achève, Hadrien commence par faire ses exercices de mathématiques et de grammaire ; il retarde le moment d'ouvrir tout de suite la lettre de ce cousin prétentieux. Et il avait raison de s'inquiéter : Adrien se vante sans retenue ! Il veut être artiste peintre… Comme si c'était un vrai métier ! Et il l'agace avec sa Marion, Hadrien n'en a rien à faire de cette fille. Il hésite à lui répondre quelque chose de très méchant mais, soudain, son regard se pose sur le dessin de sa dernière lettre : la montgolfière magnifique, les personnages crayonnés avec tellement de vivacité qu'il aurait envie de s'envoler avec eux, loin de sa vie misérable et de son avenir de paysan à Corbeny… Est-ce qu'Adrien a envie de s'envoler, lui aussi ?

Le poids de la journée lui tombe sur les épaules et il n'a soudain plus envie de se battre ni de jouer au plus fort. Alors, au lieu de ça, il raconte tout ce qu'il a sur le cœur : Lucien qui l'embête, l'exposé raté, son père qui ne veut pas qu'il poursuive ses études… tout.

Je te décris la scène pour que tu puisses l'imaginer : Jules dit des bêtises plus grosses que lui avec un grand sourire, heureux de faire rire les copains. Ils se bidonnent tellement qu'Ernest en tombe par terre ! Moi, j'essaie de lui faire des signes, mais il ne me regarde même plus, et je vois le maître qui fronce les sourcils avec le coin de ses lèvres qui tremble comme s'il se retenait de crier. J'avais vraiment honte. Je croyais que Jules allait recevoir une volée de bois vert, mais, en fait, c'est moi qui ai presque tout pris !

Après, il y a cet idiot de Lucien, le fils du médecin, qui m'a piqué mon illustré. Oui, il l'a volé dans ma besace directement ! J'étais tellement énervé, j'ai voulu le lui reprendre, tu *te rends bien compte. Un cadeau de mon grand-père!*

Eh bien, c'est encore moi qui me suis fait enguirlander.

Et comme si tout cela ne suffisait pas, je rentre à la maison pour me faire réprimander par ma mère. Moi qui pensais discuter avec mon père pour qu'il me donne l'autorisation de poursuivre mes études, ce n'était vraiment pas le bon jour!

Il lui demande même s'il n'aurait pas des idées pour faire son exposé avec Jules.

Comment tu ferais, toi, pour travailler avec quelqu'un qui ne fiche rien à part en faisant tout à sa place?

Quand il a fini, il y a quasiment deux pages pleines. Avant de fermer l'enveloppe, il se dit que le rêve de son cousin mérite d'être un peu encouragé, même s'il paraît fou et il rajoute un *post-scriptum*:

Au fait, tu dessines vraiment très bien! Je n'ai pas compris le rôle des personnages, mais j'ai vraiment beaucoup aimé: ta montgolfière était magnifique!

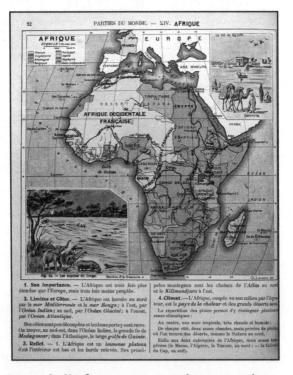

Carte de l'Afrique avec ses diverses colonies issue d'un livre scolaire

Chapitre 7

26 janvier 2014

EN PASSANT COMME CHAQUE MATIN DEVANT la boîte aux lettres bleue, juste devant chez lui, Adrien repense au courrier étrange de son cousin. Il s'attendait encore à des vantardises, mais Hadrien l'a complètement pris au dépourvu, cette fois.

Il a la tête pleine de ces gens qu'il essaie d'imaginer : ce Jules qui ne veut pas travailler, ce menteur de Lucien qui lui cherche des ennuis en classe, et ce père qui ne veut pas qu'il fasse des études ! Il a vraiment de drôles de parents, le cousin. La mère d'Adrien, elle, c'est le contraire : elle voudrait qu'il soit brillant, qu'il fasse les Grandes Écoles. Quant à son père, il se fiche bien de ce qui peut lui arriver…

C'est dommage qu'ils ne se soient rencontrés que deux ou trois fois, son cousin et lui. D'ailleurs, cette lettre est étonnante, elle ne colle pas avec le gamin vantard et sans intérêt qu'il avait vu au lac de l'Ailette, il y a des années. Dire qu'Hadrien habite à Corbeny, un village tout près de chez lui! Leurs univers sont tellement différents… Il a une impression bizarre, comme si son cousin était à l'autre bout du monde au lieu d'être à vingt kilomètres. Ce soir, il ira sur Facebook pour voir s'il a un profil. En tout cas, il s'en veut de lui avoir menti dans ses lettres. Hadrien a été honnête avec lui en lui racontant ses problèmes, ça le touche. Il aimerait pouvoir l'aider.

Dans la rue Kennedy, il aperçoit Willy et sa bande. Pour éviter les ennuis, il s'apprête à se cacher derrière l'angle d'une maison, mais il remarque la jolie rousse, la nouvelle élève, en train de discuter avec eux. Elle se retourne soudain et se met à courir en sens inverse, droit vers lui, sous les rires des autres.

—Sarah? fait-il quand elle arrive à sa hauteur.

Elle lui jette un coup d'œil surpris.

—Oh, bonjour Adrien, je suis en retard! dit-elle en le dépassant, j'ai oublié mon devoir de mathématiques à la maison!

—Quel devoir? C'est pour demain! On n'a même pas de cours de maths, aujourd'hui.

Elle se retourne, la bouche ouverte. Il ouvre son cartable et lui tend son cahier de textes pour la rassurer.

—Tu as raison, fait-elle en consultant les petites cases du jeudi. On n'a pas de cours de maths, quelle nouille!

—C'est parce que tu viens d'arriver, dit Adrien, c'est normal. Bientôt, tu connaîtras l'emploi du temps par cœur. Willy et ses copains t'ont raconté des salades à propos du devoir à faire, c'est ça?

Il soupire et secoue la tête. Quelle bande d'imbéciles! Dès qu'ils peuvent se moquer de quelqu'un... Mais Sarah a une réaction surprenante: au lieu de se mettre en colère, elle éclate de rire.

— Je suis tellement tête en l'air, heureusement que tu étais là !

Il hausse les épaules. Lui, le devoir de maths, il ne le fera même pas. Il s'en fiche ; il aura un avertissement et puis c'est tout. Il a l'habitude, maintenant.

— Surtout n'écoute jamais ce que raconte Willy, c'est un sacré menteur, grogne-t-il en pointant du menton les trois garçons qui tournent déjà au coin de la rue.

— Merci du conseil, dit-elle avec un clin d'œil, je m'en souviendrai. Tiens, qu'est-ce que c'est que ça ?

Du cahier de texte d'Adrien dépasse le coin d'une enveloppe : celle de la lettre de son cousin, qu'il a glissée entre les pages.

— Oh ! tu as une petite amie, c'est ça ? Elle t'envoie des lettres ? dit-elle, ravie.

— Mais non, bougonne-t-il, c'est mon cousin.

Sarah doit être la seule de toute la classe à ne pas savoir qu'il est amoureux de Marion.

— Il a une très belle écriture, c'est de l'encre de Chine ? Et c'est un drôle de timbre qu'il a mis, on dirait un modèle de collection. Oh, tu as vu ? il vaut seulement 10 centimes !

—Tiens, oui, c'est bizarre.

—Et il ne porte pas le cachet de la poste, c'est vraiment étonnant! Tu veux bien me prêter l'enveloppe? Mon père collectionne les vieux timbres, je voudrais le lui montrer.

—Si tu veux, mais je garde la lettre, je dois répondre.

Elle passe le reste du trajet à lui parler de cette enveloppe comme si c'était la huitième merveille du monde. Il est content d'avoir quelqu'un avec qui marcher, et son cœur se serre un peu quand ils arrivent devant les grilles du collège et qu'elle saute au cou de Tom, qui l'attend là. C'est un garçon très grand, un peu bavard, mais toujours gentil. Adrien aimerait bien qu'à la place de Tom ce soit lui, et qu'à la place de Sarah ce soit Marion…

—Salut, Adrien! fait une voix moqueuse dans son dos. Toi aussi, tu as oublié ton devoir de maths?

C'est Willy et sa petite cour, bien sûr. Adrien ne répond pas et passe le portail en espérant qu'ils le laissent tranquille. Mais, en arrivant devant le bâtiment, il se sent poussé dans le dos et manque de s'étaler par terre sous les rires des deux autres garçons de la bande. Willy lui glisse à l'oreille :

— Elle te plaît, Sarah ?

— N'importe quoi, fiche-moi la paix !

Mais l'autre continue :

— Je vais aller en parler à ta chère petite Marion, je crois qu'elle ne va pas être très contente.

Adrien sent la panique l'envahir. Et s'il le faisait vraiment ? Si, à cause de cet imbécile, Marion comprenait qu'il est amoureux d'elle ?

— Tu n'as pas intérêt à lui en parler !

Il se retourne brutalement et pousse Willy des deux mains. Celui-ci, surpris, perd l'équilibre et s'écorche les mains sur le gravier de la cour.

— Tu… tu m'as fait tomber par terre !

Adrien n'a même pas le temps de faire un geste : Willy le plaque contre le mur, ouvre son cartable d'un clic et attrape des cahiers à pleine main, avant de les jeter dans la cour à la volée. Puis il tend le doigt vers lui.

— Ce coup-là, tu n'as pas fini de le regretter, crois-moi !

Ses copains et lui s'engouffrent dans le bâtiment tandis que les autres élèves évitent la scène et regardent ailleurs. Adrien reste là, le cœur battant sous la neige qui commence à tomber, à ramasser ses affaires mouillées et à ressasser toutes les histoires affreuses qu'on raconte sur Willy.

—Adrien? tu as perdu quelque chose?

Oh, non!

Marion.

Il sent sa main posée sur son bras. Elle est là, juste devant lui, toujours aussi souriante, toujours aussi jolie, avec ses joues roses d'avoir couru pour le rattraper et ses cheveux noirs bouclés un peu défaits. Elle porte sur la tête un petit béret blanc qu'elle ôte en entrant.

—Qu'est-ce qui se passe? Tu ne réponds plus à mes textos, tu me dis à peine bonjour! dit-elle en lui faisant les gros yeux.

Elle a de jolis yeux noisette et un tout petit grain de beauté à côté du sourcil.

—Bonjour, dit-il avec un sourire forcé. Désolé, je…

Les problèmes d'Hadrien avec son exposé lui donnent une idée de mensonge:

—… j'ai été pas mal occupé avec un exposé sur la guerre de 14 à préparer.

Dans un monde idéal, ce serait le moment de lui prendre la main, de la reconquérir, de lui montrer que ce Franck n'est pas un garçon pour elle et de l'embrasser, surtout.

Mais Adrien ne vit pas dans un monde idéal.

— Ce soir, rendez-vous à six heures au cimetière sous notre grand cyprès! dit-elle avec un clin d'œil avant de rejoindre des amies.

Il monte à l'étage vers sa classe. Une seule fois dans sa vie, il a tenu Marion dans ses bras: ils dansaient un slow à la fête de Romain l'année dernière. Il avait failli lui parler, ce jour-là, et puis il n'avait pas osé…

« Ce soir, rendez-vous à six heures. » Ces mots résonnent dans sa tête comme une alarme. Pour le cousin Hadrien, un rendez-vous avec sa copine Simone, ça veut dire: « On va s'embrasser, se dire des mots d'amour et se tenir tout près l'un de l'autre. »

Mais ce soir, il n'y aura pas de baiser: au lieu de ça, Marion va lui parler de Franck. Il préfère mourir plutôt que d'entendre ça. Il voudrait disparaître de sa vie, déménager, ne jamais l'avoir connue.

Sur un coup de tête, il redescend l'escalier quatre à quatre. Il faut trouver un prétexte, lui dire qu'il a un empêchement. Il bouscule d'autres élèves en train de monter, mais il se fige soudain, la main sur la rambarde : Marion est juste en dessous de lui avec deux de ses copines. Elles ne l'ont pas vu, mais il entend l'une d'elles prononcer le nom d'« Adrien ».

Il se penche un peu et la reconnaît. C'est Jade, une sacrée langue de vipère.

— Il paraît que Willy a carrément vidé son cartable dans la cour devant tout le monde !

Elle est moche, Jade, quand elle rigole.

— La honte ! dit l'autre fille en pouffant. Qu'est-ce qu'il fait bébé, avec sa petite raie sur le côté et ses petits pulls marron…

Ses pulls marron ? Il baisse les yeux. C'est exactement ce qu'il porte aujourd'hui.

— Arrêtez ! fait Marion. Il est gentil, Adrien.

— Oh ça, c'est sûr, répond Jade. Il se laisse marcher dessus comme une carpette !

— Il paraît qu'il est invité à la fête de Sarah, la nouvelle, dit l'autre copine.

— Je me demande quelle fille va se le ramasser, dit Jade en gloussant. Tu te souviens quand il t'avait invitée à un slow, à la fête de Romain ? Il n'avait pas arrêté de te coller et de te marcher sur les pieds !

Les deux copines éclatent d'un rire mauvais et Adrien, avec un immense désespoir, voit se dessiner l'ombre d'un sourire sur le visage de Marion…

Alors, elle aussi, elle se moque de lui ?

Non, ce soir, il n'ira pas au rendez-vous.

Cher Hadrien,

Merci pour ta lettre et pour ton compliment sur mon dessin. C'est donc toi qui l'avais ? Je me demandais où il était passé. Les personnages dans la nacelle, ce sont Marion et moi. J'ai copié la montgolfière d'après une illustration du Tour du monde en 80 jours, le roman de Jules Verne. Tu vois, je n'aurais jamais pu le faire tout seul.

Il faut que je te dise la vérité.

Je t'ai menti et ce n'est pas bien.

Je ne sors pas avec Marion. Je ne suis pas le premier de la classe. Je ne suis pas comme toi, à l'aise avec les filles, sûr de moi et de ce que je veux faire plus tard. Moi je suis nul. Pour les gens comme toi, la vie doit être simple. Pour moi, non.

Au fait, le troisième bonhomme sur le dessin, c'est Franck, le nouveau petit ami de Marion. Tu vois, hein, je suis nul, elle sort avec un autre.

Adrien

P. S. : J'ai réfléchi à ton problème avec ton exposé. Moi, les devoirs, le travail scolaire, j'ai décidé de laisser tomber. Je sais que, pour toi, c'est important, mais à mon avis ton copain Jules est exactement comme moi. Si un ami me demandait de faire un exposé avec lui, ce serait une sacrée erreur de sa part... Peut-être que tu n'as pas choisi la bonne personne. Peut-être que ce n'est pas un copain qu'il te faut, mais un bon élève, motivé, prêt à travailler autant que toi? Il faut que tu apprennes à faire confiance à des gens qui ne sont pas dans ton petit cercle d'amis. Je pense que ton prof serait content si tu lui proposais de travailler avec quelqu'un d'autre.

Chapitre 8

2 février 1914

Caché sous son édredon moelleux, dans la pâle lueur du soleil qui peine à percer le ciel d'hiver, Hadrien relit la lettre étonnante de son cousin. Passé la surprise, il a été très ému de la confiance qu'il sent dans ces mots. Il est d'autant plus étonné qu'il a provoqué cela avec ses propres confidences et, loin d'éprouver du mépris, il comprend le mal-être d'Adrien. Lui aussi s'est déjà senti nul. Il sait bien que ce n'est pas vrai, même quand tout semble aller de travers.

Motivé par les conseils de son cousin, Hadrien se lève avec la ferme intention de réussir ce fichu exposé. Il est si empressé qu'il se relève trop vite et se cogne la tête ; son lit en alcôve devient trop petit, il convenait bien à un enfant, mais un grand garçon comme lui n'y est plus à son aise. Il ne peut plus tendre ses jambes sans heurter le fond. Dans la bassine d'eau très froide, le garçon fait une toilette de chat avec un peu de savon noir. Il a entendu dire que dans les maisons des riches de la ville l'eau arrivait toute seule dans des tuyaux, c'est peut-être le cas chez Adrien ? En tout cas, ici, à Corbeny, il faut la tirer du puits. Frigorifié, il descend dans la cuisine et avale rapidement son petit déjeuner. Un bol de lait de chèvre avec une cuillère de café, qui lui donne une teinte caramel, et du pain, tout simplement. Il n'y a plus de confiture : cela fait deux ans que les étés sont mauvais et qu'il y a peu de fruits, alors le stock de bocaux de confiture constitué par sa mère n'a pas passé Noël. Le pain noir serait un peu sec si elle ne leur faisait pas du bon beurre. Il a goûté un croissant, une seule fois dans sa vie, chez son oncle de la ville, et il se demande si Adrien en mange tous les matins.

En courant sur le chemin de l'école, il réfléchit à toute allure : le nouvel exposé porte sur les méthodes de culture modernes. Il pense aux différentes machines dont il veut parler quand on l'appelle :

— Hé, Hadrien !

Jules l'attend avec Simone, assis sur la margelle de la fontaine du village. Ils essaient de casser la glace avec des cailloux. Hadrien hésite un peu avant de s'asseoir et, finalement, il s'installe à côté de Jules. Même si celui-ci est content que sa sœur et son meilleur ami se fréquentent, Hadrien est toujours un peu gêné quand il est en présence des deux. Il ne se voit pas prendre la main de la jeune fille devant Jules !

— Je suis content de te voir ! dit Hadrien à Jules, tandis que Simone fronce les sourcils de dépit.

— Moi aussi, on va patiner sur le lac ce soir ?

— Ben, Jules… on ne peut pas, on a le nouvel exposé à faire !

— Oh non, tu vas pas m'embêter avec ça. Je l'ferai pas, il m'enquiquine l'autre. On en a déjà fait un, ça suffit pas ?

— *J'en ai fait un*, tu veux dire! se fâche Hadrien.

— Eh ben vas-y, t'as qu'à recommencer!

Jules s'échappe sur le chemin enneigé, un air de défi sur le visage, et Hadrien, dépité, se retourne vers Simone.

— Il manque pas d'air, dis donc.

— Et toi non plus! Tu ne me dis même pas bonjour.

— Oh, je suis désolé, je… Simone…

Hadrien est désemparé, il veut courir derrière Jules, l'obliger à travailler avec lui, mais le minois tout triste de Simone le retient. Hors de question de se fâcher avec sa belle!

— Je ne voulais pas te vexer, je suis tellement préoccupé par…

— … ton exposé! Oui, je sais, tu ne parles que de ça, tu ne t'intéresses à rien d'autre…

— C'est que… c'est important pour moi, hésite Hadrien, le regard plongé sur ses godillots trempés de neige.

— Il y a d'autres choses plus importantes! Mon frère est malade!

— Mais non, regarde-le, il court comme un lapin.

—Pas Jules, imbécile, je te parle de mon petit frère, Albert. Il a attrapé le rhume de Jules et ça a dégénéré, il tousse beaucoup, explique Simone d'une voix tremblante.

—Ta mère a fait venir le médecin cette fois? demande le jeune homme tout en lui passant sa propre écharpe autour du cou.

—Elle n'a pas d'argent. Et elle est trop fière pour faire déplacer le docteur alors qu'elle ne peut pas le payer.

—Tu veux que j'en parle à ma mère?

—Non, je te dirai si vraiment il y a besoin.

Hadrien sent que c'est le bon moment pour lui prendre la main et, en effet, elle lui sourit, rassérénée. Cela ne résout pas ses affaires à lui, mais, au moins, il ne s'est pas brouillé avec son amoureuse. Il pense qu'il a de la chance d'avoir une bonne amie. Il essaiera d'aider Adrien avec sa Marion.

La maîtresse des filles passe devant eux, emmitouflée dans son gros manteau, et ils la suivent jusqu'à l'école.

—Tu sais, pour mon exposé, Adrien m'a suggéré de changer de binôme. Il a peut-être raison, après tout.

—Adrien ? Qui c'est, celui-là ? répond Simone.

—Je ne t'en ai pas parlé ? C'est un de mes cousins qui habite à la ville. On s'échange des lettres depuis un mois.

—Tiens donc ! Tu ne m'as jamais écrit, à moi ! dit-elle d'un air taquin.

—Ben…, hésite-t-il, inquiet de la vexer de nouveau, je n'y ai jamais pensé… On se voit tous les jours !

—En tout cas, il a bien raison, ton cousin. Trouve-toi quelqu'un d'autre et arrête d'embêter Jules avec ça.

Si Adrien et Simone sont du même avis, c'est sans doute que cette solution est vraiment la meilleure : il n'a qu'à en parler à maître Julien ce soir, après les cours.

Tout le reste de la journée, se dandinant derrière son bureau d'écolier, Hadrien compte les heures… Elles avancent comme des limaces paresseuses. Enfin, les autres quittent la classe.

—Maître Julien ?

— Oui Hadrien ? répond le maître, plongé dans la correction des rédactions.

— Je suis embêté par cette histoire d'exposé.

— Hum… Pourquoi ?

— Jules ne veut pas travailler et j'aimerais changer de partenaire.

Le maître relève la tête et observe un instant Hadrien.

— D'accord, vous travaillerez avec Lucien.

— Non, pas lui ! s'écrie Hadrien malgré lui, avant de réaliser qu'il s'est montré très insolent.

— Je ne vous demande pas votre avis, rétorque sèchement le maître.

— Excusez-moi…, murmure Hadrien, essayant de masquer sa déception.

— Cela vous fera du bien de commencer à travailler ensemble : pour le certificat, vous allez suivre un programme spécial et vous allez former un binôme de travail. Je suis prêt à vous soutenir : Lucien médecin, vous ingénieur, ce sont des rêves que j'espère vous voir réaliser.

— Je ne savais pas que Lucien voulait faire le même métier que son père.

—Vous voyez, vous ne le connaissez pas si bien. Laissez-lui une chance!

Au contraire de maître Julien, l'ancien instituteur n'avait jamais eu une grande ambition pour eux, quoiqu'il ait été un très bon enseignant. C'était un homme du pays qui savait bien que les familles ont besoin de bras pour la ferme et même pour en hériter plus tard. Alors, pousser ces garçons vers des emplois administratifs à la ville, il pensait que ce n'était pas son rôle. Quant à les envoyer à Laon poursuivre leur scolarité au petit lycée, il n'imaginait même pas que cela fût possible financièrement. En effet, pour entrer en troisième, un enfant de famille pauvre doit absolument décrocher une bourse et, pour cela, il lui faut obtenir des résultats exceptionnels au certificat d'études.

Hadrien sait qu'il n'a pas le choix: ses parents ont du mal à joindre les deux bouts, alors trouver 500 francs pour payer l'internat, c'est inimaginable. Et ça l'énerve de penser que ce

vantard de Lucien n'a pas à s'inquiéter des sous…
ni Adrien, son cousin de la ville!

—Vous vous sentez prêt? demande le maître.

—Euh… je vais essayer… Je ne m'entends pas
trop avec Lucien.

—Je ne vous parle pas de l'exposé. Je pensais
au certificat.

—Oh! oui, je suis prêt. Je veux aller en troisième!

—Pour cela, il vous faut l'accord de votre père.
En avez-vous parlé avec lui?

Hadrien se rappelle avec amertume de la seule
fois où le sujet a été abordé, à Noël. Le père a tapé
du poing sur la table, maman a pleuré et Hadrien
a quitté la cuisine en criant, ce qui lui a valu une
série de coups de ceinturon sur les mollets. Il en
a senti la brûlure cuisante pendant une bonne
semaine. Sa mère a dû lui appliquer un emplâtre
pour l'aider à cicatriser. Finalement, il a été dit
que le garçon serait autorisé à passer le certificat.
Mais aller à Laon, pas question.

—Pas encore, mais…

—Voulez-vous que j'aille le voir?

—Non, non, je vais en reparler à maman d'abord!

—Sait-elle que vous voulez être ingénieur?

—Oui. Je n'arrêtais pas de lui poser des questions alors elle a demandé de l'aide à mon grand-père. Il m'a trouvé un manuel technique avec des schémas des machines que nous utilisions à la ferme quand j'étais plus petit! Je vais m'en servir pour l'exposé.

—Vous devrez faire des progrès en dessin technique.

—Oh, à ce propos, maître, je voulais vous montrer les dessins de mon cousin! Il est très doué; il s'inspire de cet auteur dont vous m'avez parlé, Jules Verne.

Hadrien sort de sa besace son livre de lecture, *Le Tour de la France par deux enfants*, dans lequel il a glissé les lettres d'Adrien. Le maître les observe avec attention; étrangement, il s'intéresse plus aux timbres qu'aux dessins.

—C'est bizarre, marmonne-t-il pour lui-même, ces timbres ne portent pas le cachet de la poste, ils ne sont pas oblitérés. Et puis je ne connais pas ces tableaux et je n'ai jamais entendu parler de ces artistes… Braque, Pissarro… Et cette rue ? « Jean-Jaurès » ? Le pacifiste ? Comment cet homme a-t-il pu obtenir une rue à son nom alors que les autorités s'en méfient tant ? Il se bat au Parlement pour qu'on évite la guerre avec l'Allemagne. Il parle si bien qu'on dit que, tant qu'il vivra, on n'a rien à craindre de ce côté-là !

Il continue à marmotter tandis qu'Hadrien se creuse la tête pour son exposé avec Lucien. Quelle guigne.

—Vous voulez bien me laisser vos lettres ? Elles m'intriguent !

Hadrien opine du chef et quitte la classe, tout à ses angoisses d'avoir à travailler avec son ennemi juré.

Hadrien décide malgré tout de prendre le taureau par les cornes et il va frapper chez le médecin. Il est déjà venu une fois dans la maison de Lucien, pour se faire soigner de la scarlatine. Celui-ci lui ouvre la porte de leur belle bâtisse de pierre blanche, une serviette autour du cou et du chocolat aux coins des lèvres.

—Tu me déranges pendant mon goûter. Tu veux quoi?

—C'est le maître qui m'envoie: nous devons faire l'exposé sur les techniques agricoles ensemble.

—Quoi? Mais c'est Jules qui devait faire ça avec toi!

—Le maître pense que nous devons nous habituer à travailler ensemble pour le certificat.

—Je ne veux pas travailler avec un cul-terreux!

—Si ton instituteur le dit, tu obéis, espèce de bon à rien! intervient soudain une grosse voix sur leur droite, en provenance du cabinet du docteur. Excuse-moi de ne pas te saluer, Hadrien, mais je suis en pleine consultation!

Lucien se renfrogne, accepte la répartition du travail proposée par Hadrien et celui-ci rentre un peu plus guilleret à la maison. Il n'a pas cessé de penser à Adrien de la journée, il aimerait pouvoir lui répondre dès ce soir.

—Je t'attendais pour te prévenir, lui dit Marthe quand il pousse la porte. Maman est au lavoir pour le linge, je la rejoins! Elle dit que tu dois surveiller la soupe et rentrer du bois.

Parfait! Sa mère a encore réussi à trouver une excuse pour qu'il puisse faire ses devoirs à son aise. Mais, d'abord, il doit répondre à son cousin. Hadrien prend la plume immédiatement pour lui raconter que, de son côté, les choses ne sont pas simples non plus. Il a envie de le rassurer… et de se confier aussi! Il lui parle de Simone, qui ne comprend pas son désir de partir, de sa petite sœur qu'il adore et du maître qui est si exigeant. Il se plaint de Lucien, ce gosse de riche insupportable avec qui il va devoir faire l'exposé. Il lui demande conseil à propos de la discussion avec sa mère: peut-être qu'Adrien aura une bonne idée? Enfin, pour lui faire plaisir, et aussi un peu pour s'entraîner au dessin, il commence à recopier une des machines de son manuel technique, une trieuse de grains. Hadrien la connaît bien, ils s'en servent tout l'hiver pour égrener les épis de maïs. D'ailleurs, c'est à ça qu'il va sans doute passer sa soirée. Quand il a terminé, il se rend compte que ce n'est pas très réussi et il renonce finalement à l'envoyer. Il n'a pas envie qu'Adrien le trouve mauvais en dessin, lui qui est si doué. Chacun ses talents! Cette dernière réflexion lui donne une idée: il lance un défi à son cousin.

P.-S. : on passe un marché? Toi tu avoues tes sentiments à Marion, et moi je dis à mon père que je veux aller au petit lycée!

Le Tour de la France par deux enfants
de G. Bruno : couverture de la 368ᵉ édition
imprimée en 1914

Chapitre 9

18 février 2014

Adrien rentre de l'école à pas lents et descend l'interminable escalier public qui mène jusqu'à chez lui. En arrivant devant le cimetière, il ne peut pas s'empêcher de jeter un coup d'œil à l'intérieur. Depuis qu'il a vu Marion rire de lui avec ses copines, il n'est venu à aucun des rendez-vous qu'elle lui a proposés. Chaque fois, il a envoyé un vague texto d'excuses.

Le grand cyprès est à sa place, juste au-dessus de la fameuse tombe qui leur servait de repère. Quelqu'un est mort ici, il y a très longtemps, peut-être pendant l'une des deux guerres mondiales.

Adrien essaie très fort de se convaincre que plein de gens ont eu moins de chance que lui et ont connu des vies bien plus difficiles que la sienne, mais il n'y parvient pas. Depuis le temps qu'on le fait culpabiliser à cause des petits Africains qui meurent de faim, il a envie de hurler que, lui aussi, il est malheureux.

Marion sort avec un autre garçon, est-ce qu'il peut exister quelque chose de pire que ça? Il n'a jamais eu de petite amie, mais il a toujours pensé que, quand ce serait le cas, plus rien de vraiment grave ne pourrait jamais lui arriver. Tous les petits soucis de la vie lui paraîtraient dérisoires, ce serait le bonheur total.

Le cousin Hadrien a un sacré culot de se plaindre alors qu'il sort avec une fille qui l'aime, lui.

En poussant la porte, il prie pour que sa mère ne soit pas encore rentrée de son travail, mais la radio est allumée dans la cuisine, ce qui est mauvais signe. Il ôte ses chaussures et se dirige à pas feutrés vers l'escalier. Avec un peu de chance, elle ne l'entendra pas.

Mais Éloïse tousse dans son dos, d'une toux grasse et douloureuse. Il se retourne et la voit roulée en boule sur le canapé.

—Qu'est-ce que tu as? dit-il en s'approchant, inquiet pour elle. Tu es malade?

—J'ai mal à la gorge.

La porte de la cuisine s'ouvre en grand et leur mère apparaît sur le seuil, un couteau à légumes à la main.

—Éloïse, va mettre un pull, mon ange, dit-elle. Je n'aime pas t'entendre tousser comme ça.

Puis elle se tourne vers son fils avec un sourire un peu forcé.

—Bonsoir, Adrien.

Il soupire et lui jette un regard ennuyé. Elle se rembrunit aussitôt.

—Ne fais pas cette tête-là! dit-elle en levant les yeux au ciel. Et tu pourrais au moins me dire bonsoir quand tu arrives!

—Bonsoir, répond-il sur un ton agacé. Je peux y aller, maintenant?

— Attends !

Il s'arrête, le pied sur la première marche, sans la regarder.

— J'ai vu ta prof d'histoire-géo hier, à la boulangerie.

— Ah bon ?

Fichue petite ville où tout le monde se connaît ! Adrien déteste Laon. Il se demande bien pourquoi Hadrien rêve de venir y habiter, c'est minuscule ! Il est vraiment bizarre, le cousin. Lui, il voudrait vivre à Paris ou à San Francisco. Une vraie ville, quoi.

— Elle m'a dit que tu avais eu un zéro, la semaine dernière.

Ça, c'est le contrôle-surprise sur les colonies françaises…

— Ce n'est pas ma faute ! ment-il. Je… j'avais appris la mauvaise leçon !

Sa mère fait un pas vers lui et croise les bras, mal à l'aise.

— J'ai aussi reçu ton bulletin de mi-trimestre ce matin : 8 en maths, 9 en français, 7 en sciences physiques ! Adrien, je ne comprends pas. Tu as toujours été un bon élève et voilà que, ce trimestre, tu n'as plus la moyenne dans les matières principales! Qu'est-ce qui t'arrive? Est-ce qu'il s'est passé quelque chose de grave? Est-ce que... est-ce que quelqu'un t'a fait du mal, un élève, un professeur? Il faut absolument me le dire, je suis ta mère!

«Tu ne peux pas comprendre ce qui m'arrive, alors fiche-moi la paix!» Voilà ce qu'il voudrait lui répondre. Ce n'est quand même pas difficile à saisir, si? Au lieu de ça, il dit seulement:

— Tout va bien, je te dis. Je me suis planté en maths et j'ai fait un hors sujet en français, c'est pas la fin du monde! Je me rattraperai au prochain trimestre.

Sa mère s'approche et, d'un geste hésitant, elle tend la main pour la passer dans les cheveux de son fils. Adrien écarte la tête.

— J'ai treize ans, maman!

Le ton de sa mère se durcit.

— Justement! Tu es en quatrième, maintenant, c'est du sérieux!

Il lève les yeux au ciel.

— Tu as toujours dit ça tous les ans: même la petite section de maternelle, à t'écouter, c'était déjà l'année la plus importante de ma vie! Elle est pour quand, l'année *pas sérieuse* où je pourrai faire ce que je veux?

Elle ouvre la bouche comme pour crier, mais elle reprend le contrôle d'elle-même au dernier moment.

— Très bien, dit-elle finalement – et sa voix est froide comme la glace. Dorénavant, tu me montreras ton cahier de textes tous les soirs et je vérifierai moi-même que tu as appris les bonnes leçons.

— Mais, maman…

— Il n'y a pas de « mais ».

Elle ajoute, en retournant à sa cuisine :

— Et personne ne fait jamais *ce qu'il veut*, Adrien.

Il monte l'escalier en frappant du pied à chaque marche et claque la porte de sa chambre. Il entend qu'on sonne à l'entrée, mais il n'y prête aucune attention. De toute façon, il n'y a jamais personne pour lui.

Il soupire : c'est le moment de remplir la part du marché que lui propose Hadrien. Il prend une feuille blanche et commence une lettre à Marion qui lui explique tout en quelques mots : qu'il l'a toujours aimée, qu'il ne savait pas comment le lui dire, qu'il en crève, de tout cet amour en lui, caché, enfoui…

Les personnages du tableau de Picasso, en poster sur son mur, semblent se moquer de lui. C'est Marion qui l'avait rapporté d'un voyage à Barcelone. Alors il laisse sa lettre en plan. Avec une rage froide, il monte sur son lit et l'arrache ; en morceaux, *Les Demoiselles d'Avignon* ! Comme ça ne le soulage pas, il se met à chercher tous les autres signes de Marion.

Sa carte d'anniversaire qu'il avait épinglée au mur : hop, il ouvre la fenêtre en grand et il la balance dans le jardin. Le chapeau de randonnée qu'elle lui avait offert pendant ses vacances avec ses parents : dehors aussi ! Ça dégage ! Et les vieux scoubidous qu'ils nouaient ensemble à la récré en primaire, et les *Picsou magazine* qu'ils s'échangeaient autrefois, et le paquet de petits courriers qu'ils se glissaient dans leurs boîtes aux lettres…

On frappe à la porte.

—Je suis occupé ! crie-t-il.

—J'en ai juste pour une minute ! fait la voix de Marion derrière la porte.

Son cœur s'arrête de battre pendant un instant.

—Marion ? C'est toi ?

—Non, idiot ! c'est la fée Carabosse !

Il ramasse ses chaussettes sales qu'il cache sous le lit. Puis il fait disparaître les dizaines de dessins au crayon qu'il a faits ces derniers jours : sa série des Franck écrabouillés par un camion / un Airbus / un astéroïde / un camembert géant, sa mère avec des dents de vampire, Marion en maillot de bain, Emma Watson en string…

—Attends, euh… j'arrive, je… je…

La porte s'ouvre et elle passe la tête.

—Tu es en train de tout casser, là-dedans ?

La lettre ! La lettre d'amour à Marion où il lui explique tout ! Il a juste le temps de la glisser sous ses fesses et de s'asseoir dessus.

—Tu ne me fais pas la bise ?

Il ne peut pas se lever à cause de la lettre. Il essaie de toutes ses forces d'avoir l'air indifférent.

—On s'est déjà vus ce matin, non ?

Marion ne dit rien et s'assoit sur le lit, repoussant discrètement le pyjama étalé en travers. Elle porte un de ses nouveaux petits hauts un peu moulants et une jupe courte qu'il ne lui a jamais vue. Il déteste la voir dans ces vêtements, parce qu'il sait que c'est pour Franck qu'elle les porte.

—Tu permets que je ferme la fenêtre ? demande-t-elle.

Il devient blême et ne trouve rien à répondre. Si elle regarde dans le jardin, elle va voir tout ce qu'il a jeté : les lettres, les *Picsou*, les scoubidous. Elle va comprendre, elle saura tout ! La mort dans l'âme, il la voit tendre la main vers le battant… mais, par miracle, elle ne regarde pas en bas et retourne s'asseoir.

—Oh ! qu'est-ce qui est arrivé aux *Demoiselles d'Avignon* ? Tu… tu ne l'aimais pas, ce poster ?

Il fait un geste évasif de la main.

—Il a eu un petit accident, c'est tout.

Elle contemple les petits morceaux éparpillés sur le lino, puis les lambeaux de poster encore accrochés à deux punaises qui pendent tristement au mur… Difficile de croire que c'est un accident, mais, visiblement, elle n'a pas l'intention de se disputer avec lui.

—Je vois bien que tu m'évites. Alors, comme tu refuses mes rendez-vous au grand cyprès, j'ai décidé de venir te voir chez toi. Tu es mon meilleur ami, tu sais. Ce n'est pas parce que je sors avec Franck que je vais te laisser tomber.

Adrien acquiesce sans dire un mot. *C'est le moment*, pense-t-il. *OK, Hadrien, je vais tout lui dire. Marion, je veux aller au cinéma avec toi, je veux aller dans la rue avec toi, je veux aller partout avec toi. Je ne pense qu'à ça, je n'ai plus envie de rien d'autre, je n'arrive même pas à dormir la nuit tellement je pense à toi tout le temps…*

—Si je suis là, poursuit Marion, c'est pour te parler de Franck.

Adrien en reste bouche bée. Les mots restent coincés dans sa gorge, il se sent comme paralysé, impuissant. Tout ce qu'il peut répondre, c'est:

—Ah ouais, super.

Il s'efforce de prendre un air absolument détaché, alors qu'il se pince la peau du poignet entre deux ongles jusqu'au sang pour ne pas éclater en sanglots.

—Tu as peut-être été surpris, quand je t'ai annoncé qu'on était ensemble…, commence Marion. Je… je croyais que je n'étais pas prête à sortir avec un garçon. Je les trouvais tous tellement prétentieux, tu sais, à se la jouer, à vouloir tout le temps épater les filles…

Adrien voudrait hurler : *Mais moi, je ne suis pas comme ça ! Je n'ai jamais été comme ça !*

— Sauf que chez Franck c'est pour de vrai, tu comprends ? Il est *vraiment* beau comme un dieu. Et il est *vraiment* incroyable. Tu sais qu'il a sauvé la vie d'un enfant, une fois ? Il s'est jeté en plein milieu de la rue pour le pousser quand un camion arrivait. Il a eu la jambe cassée, mais il a sauvé le petit !

— Oui, il a l'air vachement… sympa, dit-il en avalant sa salive.

— Je voudrais te le présenter. Ça te dirait qu'on aille au cinéma ensemble ?

Non, non, ça ne lui dirait pas. Mais alors pas du tout.

— Ce serait cool, ment-il. Seulement… tu sais, vous allez être en couple et moi je n'ai personne…

Elle le regarde avec un air de conspiratrice.

— Justement ! Je me suis dit que j'allais te trouver une copine, à toi aussi.

Quoi ?

—Il paraît que tu es ami avec Sarah, poursuit-elle, la nouvelle élève de ta classe. Je la trouve super sympa ! Je suis sûre qu'on s'entendrait trop bien, tous les quatre !

Il lève les yeux au ciel.

—Dis donc, tu ne veux pas organiser notre mariage, pendant que tu y es ? Et puis, d'abord, je te signale qu'elle sort avec Tom.

Elle fait la moue.

—Oh, tu sais, ces choses-là, ça va, ça vient… Tom change souvent de copine. Les couples, ça ne dure pas toujours éternellement.

Adrien sent tout à coup une bouffée de chaleur. Elle a raison ! Mais alors, elle et Franck non plus ! Si ça se trouve, dans une semaine, ils auront cassé et elle l'aura oublié ! Oui, seulement… ce n'est pas le genre de Marion, d'oublier les gens.

—Au fait, il paraît que tu as eu un zéro en histoire-géo ?

—Qui t'a dit ça ? fait-il d'une voix glaciale.

—Et puis on m'a dit que tu as eu une sale note en français et que tu n'as pas rendu ton devoir de maths non plus. Qu'est-ce qui se passe, tu as des problèmes?

—Ça ne te regarde pas.

—Je m'inquiète pour toi, répond-elle sans l'écouter, il ne faut pas que tu décroches à l'école. Les profs ne te feront pas de cadeaux et la quatrième, c'est une année importante, tu sais.

Tout à coup, Adrien sent quelque chose lâcher en lui. Les confidences sur Franck, il les a encaissées. Le coup du couple arrangé avec Sarah aussi. Mais le zéro en histoire-géo, là c'est trop, ça ne passe pas, c'est la goutte d'eau.

—C'est pas tes oignons! Non, mais de quoi je me mêle?

Il se lève, la chambre tourne autour de lui, de drôles d'étoiles dansent devant ses yeux et les battements de son propre cœur cognent dans ses oreilles.

—Mais…, fait-elle, stupéfaite.

—Et puis d'abord en quoi ça t'intéresse, hein? Tu crois que je ne t'ai pas entendue te moquer de moi, avec tes copines? J'étais là! juste derrière vous! alors ce n'est pas la peine de venir jusqu'ici me faire ton numéro de la bonne copine !

Il n'avait jamais crié comme ça de sa vie.

—Je ne veux *pas* le rencontrer, ton Franck ! Je ne veux *pas* sortir avec Sarah ! Je ne veux *pas* être ton meilleur ami ! Tout ce que je te demande, c'est que tu me fiches la paix !

Ce ne sont pas les paroles qu'il voudrait prononcer mais, quand on est en colère, on n'a pas le choix des mots. Ceux qui nous viennent à la bouche, ce sont les plus pointus, les plus méchants, ce ne sont jamais les plus vrais.

Marion devient blanche comme un linge. Elle ne dit pas un mot. Elle jette un coup d'œil au poster déchiré et une larme glisse lentement sur sa joue. Alors elle se lève, va jusqu'à la porte et la ferme tout doucement, sans la claquer, sans faire de bruit.

En bas, Adrien entend sa mère lui dire « au revoir », mais Marion ne lui répond pas.

Ça y est.
Elle est partie.

Adrien est toujours debout au milieu de sa chambre. Il contemple un moment la lettre d'amour toute froissée sur la chaise, puis il la roule en boule et la jette dans la corbeille. Alors il se met à son bureau, prend une nouvelle feuille blanche et commence à écrire une autre lettre. C'est à Marion qu'il voudrait l'adresser, mais maintenant elle le déteste, elle ne lui parlera plus jamais. Il n'y a plus rien à faire, tout est fichu.

Cher Hadrien..., commence-t-il.

Mais il ne trouve aucun mot pour exprimer son sentiment de dévastation. Alors il dessine un paysage d'arbres gigantesques et de fleurs luxuriantes, il le remplit de petits animaux colorés, de personnages qui rient et se tiennent par la main, avant de décorer le tout d'un soleil éblouissant.

Il écrit juste quelques mots au dos.

Je suis content qu'on se soit écrit tous les deux. J'aimerais aussi qu'on

se parle pour de vrai. C'est quoi, ton
numéro? Et ton e-mail? Tu es le seul à
qui je puisse vraiment raconter ce qui
m'arrive, ici.

Je suis désolé pour tes problèmes avec
ton père, qui ne te lâche pas les baskets
au sujet de l'école. Chez moi, c'est le
contraire: ma mère ne s'intéresse qu'à
mes notes et elle ne comprend strictement
rien à ce que je ressens. Au fond, les
adultes sont tous des emmerdeurs. Mais
profite bien de ta Simone, surtout, tu
as une chance formidable de l'avoir, tu
sais? Ne la perds pas!

Moi, j'ai tout foiré, j'ai tout foutu en
l'air avec Marion. Tu peux me traiter
de lâche, parce que je n'ai pas réussi
à remplir ma part de notre contrat.
J'ai essayé, je te jure, mais j'ai été
incapable de lui dire la vérité. Au
lieu de ça, je lui ai dit des choses
horribles.

J'espère que mon petit monde inventé,
sur mon dessin, te remontera le moral.
Moi, c'est là que je me réfugie quand
ça ne va pas. Parce que, tu vois, tout ce
qu'il y a sur ce dessin, c'est exactement
le contraire de ma vie.
Ton cousin et ton ami si tu le veux bien,

Adrien

Chapitre 10

23 février 1914

HADRIEN PASSE UNE HEURE À TRAVAILLER avec son pire ennemi et cela est aussi pénible qu'il l'imaginait. Lucien ne cesse de pérorer, se vantant de sa nouvelle bicyclette, un bolide, «rouge comme le feu» et «rapide comme l'éclair».

—C'est un vélo Peugeot, la même marque que celui de Philippe Thys, tu te rends compte, le vainqueur du tour de France!

—Oui, enfin… ce n'est pas le vélo de Philippe Thys quand même.

Pfff. Ils avancent sur l'exposé cependant, Hadrien doit bien reconnaître que Lucien se débrouille. Il sait organiser clairement les parties et les machines l'intéressent beaucoup.

— Regarde, on pourrait reproduire des schémas sur de grandes planches, non? Ça nous permettrait de les mettre en valeur et le maître pourrait ensuite les accrocher dans la classe.

— Oui, c'est une bonne idée, répond Hadrien, qui peste de ne pas l'avoir eue avant lui.

— Tu sais dessiner? Moi, je suis très doué, je me suis entraîné, regarde! s'exclame Lucien, décidément très agaçant.

— Oh oui, c'est pas mal. Tu as un peu déchiré la feuille ici. Tu as dû refaire plusieurs fois?

— Hum, oui.

— Je ne savais pas que tu aimais les machines, fait Hadrien. Je croyais que tu voulais être médecin.

— Tu parles! C'est mon père qui veut que j'aille en médecine. Moi, faire des piqûres toute ma vie dans un bled paumé? Non, ce que je veux, c'est intégrer les Arts et métiers et devenir ingénieur!

—Ah oui? Moi aussi! Ce serait bien si on y allait ensemble! répond, joyeux, Hadrien.

—Toi? Mais tu n'iras jamais au lycée, tu vas rester un bouseux comme ton père!

Le sang monte aux joues d'Hadrien, il a très envie de coller un coup de poing à cet imbécile mais il est chez lui et son père travaille dans la pièce d'à côté. Cela dit, ça lui ferait drôlement du bien de le voir les quatre fers en l'air, du sang plein la figure! Le docteur arrive alors qu'Hadrien pèse le pour et le contre.

—Ça avance, les garçons? Hadrien, profites-en pour mettre un peu de plomb dans la tête de cet idiot. C'est un fainéant, un bon à rien, qui passe son temps à rêvasser! J'imagine que tu es d'un autre bois que lui, les paysans ont toujours plus les pieds sur terre!

Lucien se renfrogne et Hadrien estime que c'est le bon moment pour partir.

Lundi, il faudra poursuivre, mais, demain, c'est dimanche et cette journée de répit le réjouit. Franchement, Adrien, il en a de bonnes, quelle idée stupide de travailler avec Lucien! Il n'aurait pas dû l'écouter…

En sortant de chez le docteur, il a hâte de rentrer à la maison, il pense à son cousin et il espère trouver sa lettre, qu'il attend depuis au moins dix jours. Avec un peu de chance, il aura réussi à lui remonter le moral.

Alors qu'il allonge le pas pour rentrer plus vite, il voit Simone, qui revient de chez le boulanger avec un air soucieux.

—Qu'est-ce que tu fais là? Je croyais que ta mère faisait elle-même son pain?

—Elle n'avait plus de levure.

—Ton frère va mieux?

—Non, pas du tout. Mais maman va faire venir le médecin. Elle a fini une robe pour la femme du maire, ça fait un peu d'argent. Le souci, c'est qu'on devait utiliser ces sous pour acheter des chaussures à Albert, il grandit tellement vite…

—Ma mère garde tout, elle doit encore avoir les miennes! Je pense même que je peux te ramener des vêtements, ce n'est pas ma sœur qui mettra mes pantalons et mes chemises! Je passe demain avec tout ça?

—Oh oui, Hadrien, merci beaucoup! s'écrie Simone, étonnée de sa sollicitude.

Hadrien remarque sa surprise, il se rend compte qu'il aurait pu lui proposer cela depuis longtemps. Il n'y a pas pensé, tout simplement. Adrien l'aurait fait, lui qui est si gentil. Il rentre chez lui, pensif, et trouve la lettre.

Il prend soin de ne pas déchirer le timbre, afin de le donner au maître. Il lit les premières lignes avec avidité. Lui aussi est content qu'ils s'écrivent. Il aimerait également lui parler «pour de vrai». Par contre, il ne comprend pas bien ce que c'est qu'une «adresse e-mail»? Et puis, c'est quoi cette histoire de donner son «numéro»? Il parle du numéro de la rue?

Ce cousin est étrange, parfois il lui semble qu'il vit dans un autre monde. Reprenant sa lecture, il soupire. Adrien est triste. Même défaitiste. Sur le coup, ça l'énerve. Il a soudain une grosse envie de le secouer, de le voir réagir. L'école, c'est important tout de même! Et pourquoi est-il aussi grossier avec sa mère? Jamais il n'oserait dire, et encore moins écrire, quelque chose d'aussi vulgaire. Pourtant, il comprend sa colère, il ressent lui aussi les choses très violemment quand il se dispute avec son père.

«Mais profite bien de ta Simone, surtout, tu as une chance formidable de l'avoir, tu sais? Ne la perds pas!»

Il en a de bonnes, ce cousin! C'est pas de la chance qu'il a avec Simone, c'est qu'il a fait ce qu'il fallait pour la conquérir. Des fleurs, des pommes, des morceaux de mica brillants, il en a fallu des petites attentions pour qu'elle accepte de faire un bout de chemin avec lui l'an passé. Et que de belles paroles il a dû lui dire pour qu'elle l'autorise à lui prendre la main. Il a même écrit des poèmes pour obtenir son premier baiser. Il aimerait dire à Adrien que ce n'est pas en s'apitoyant sur son sort qu'il va réussir!

Il finit la lettre et découvre la proposition d'Adrien. Être son ami? Oui! Bien sûr! C'est donc cela, l'amitié: être si proche de l'autre qu'on vit avec lui, qu'on ne pense qu'à l'aider et à lui confier ses secrets.

Il commence à lui répondre, ému, troublé…

Cher Adrien…

Mais ça ne vient pas si facilement. C'est difficile d'écrire, soudain, comme si les mots se dérobaient, refusant de porter son émotion.

Il pense à ce qu'il veut lui conseiller, mais il ne sait pas comment le prendre. Peur de le vexer ? de le brusquer ? Il a envie d'être son ami aussi, mais comment être à la hauteur, Adrien a l'air si… fragile ! Il se dit que, de toute manière, le facteur ne passera pas avant lundi et repousse au dimanche.

Debout de bonne heure le lendemain, Hadrien effectue sa part de corvées ménagères, rassemble deux paires de chaussures et quelques vêtements trop petits, puis se dépêche de sortir. Son père est déjà dehors, sans doute en train de ramasser du bois ou de nourrir les vaches.

—Papa ? demande-t-il en passant la tête dans l'étable.

Un grognement lui répond au fond.

—Je vais chez la mère de Simone ! Tu ne voulais pas lui donner quelque chose ?

—Si, prends-lui un fagot de bois, répond son père, elle doit pas avoir le temps de s'en occuper. Et dis-lui donc que je passerai lui réparer le toit de sa grange demain. La pauvre femme, avec tous ses malheurs, il faut en plus que son fils soit malade.

Du fond de l'étable, il arrive vers Hadrien et le toise.

— On a bien de la chance, nous, d'être tous en vie et en bonne santé. C'est déjà beaucoup et, comme ça, on peut aider ceux qui sont dans le besoin… C'est pas les gens de la ville qui savent ce que ça veut dire que d's'entraider! J'ai pas l'impression que tu te rendes compte d'la chance que t'as.

Le regard du père est perçant et le fils baisse les yeux.

— Allez, file la voir, ta belle Simone, ajoute le père, se radoucissant. Mais t'y entres pas, hein? T'approche pas trop du petit. Faudrait pas que t'attrapes mal, d'accord?

Ils ne sont pas habitués à se montrer de l'affection. Hadrien croit se rappeler que, lorsqu'il était plus petit, son père le prenait parfois sur ses épaules pour lui montrer le monde d'en haut. Il n'y a pas si longtemps, il lui arrivait de lui donner une bourrade gentille en l'appelant « mon fiston ». C'était quand, la dernière fois? Avant l'été peut-être? Hadrien ne comprend pas bien ce qui a changé, sentant confusément que ça a à voir avec sa propre attitude, depuis que le nouveau maître est là. Chaque fois qu'il parle de l'école, de ces matières passionnantes que leur enseigne maître Julien, l'astronomie, les sciences naturelles, la physique, son père fronce le nez ou interrompt la conversation.

« À quoi ça va te servir de savoir le nom savant des étoiles ? J'ai jamais appris ça et je peux m'y retrouver en pleine forêt quand même, rien qu'en suivant l'étoile du Berger ! »

Ce qui agace le plus son père, ce sont les livres. Avec l'ancien maître, les élèves ne lisaient que *Le Tour de la France par deux enfants*, qu'on se passait dans la même famille jusqu'à ce qu'il s'ouvre en plusieurs morceaux. Maître Julien leur fait la lecture avec des textes de littérature : Jules Verne, Alexandre Dumas, Émile Zola. Puis il les leur prête. Hadrien use des bouts de chandelles pour les lire et les relire dans son lit. Ça, c'est vraiment insupportable pour le père. Il râle si fort que son fils ne peut arriver au bout de sa page, gêné par ses vociférations. Parfois, tout simplement, il lui éteint la bougie.

Il y a quelques semaines, Hadrien en a parlé à sa mère.

— Maman, pourquoi papa m'empêche-t-il de lire ?

— Il ne peut pas comprendre, il est le seul à ne pas savoir lire dans la famille… Cela le gêne et, du coup, ça l'énerve.

— Je pourrai lui apprendre !

Sa mère a éclaté de rire alors, d'un bon rire franc comme cela lui prend parfois.

— Autant apprendre aux vaches à se traire toutes seules ! Crois-moi, ce n'est pas une bonne idée.

— Tu as essayé ?

— Oui, quand je l'ai rencontré, je voulais qu'il puisse lire pour chercher un emploi en ville. Mais il s'est braqué. Peu après, son frère aîné est mort, lui laissant la ferme. On n'en a plus jamais parlé.

Elle a alors fourré un couteau et une patate dans les mains de son fils, marquant ainsi la fin de la conversation et le début de la corvée d'épluchage.

La maison de Simone est à l'entrée du bourg, une petite bicoque de plain-pied avec l'étable accolée au mur de la cuisine. Ils ont seulement une vache et deux chèvres, un potager à peine suffisant pour quatre et un petit bois pour nourrir la cheminée. Le père de Simone est mort depuis six ans, d'un mauvais coup de sabot du cheval qu'il était en train de ferrer. Hadrien se souvient encore de ses hurlements de douleur, à la fin. Le médecin avait dit qu'il n'y avait rien à faire, que c'était « de la bouillie au-dedans. » La mère de Simone s'était retrouvée seule avec deux petits de cinq et six ans et un nouveau-né. Et Hadrien doit bien reconnaître quelque chose à son propre père, c'est qu'il a toujours essayé de les aider depuis.

Quand il frappe, ça s'agite derrière la porte.

—Hadrien, c'est toi?

—Non, c'est Saint-Nicolas, oh, oh, oh, fait-il d'une grosse voix.

—Crétin, fait Simone en ouvrant la porte avec un sourire. Tu entres? Albert sera content de te voir, si tu veux bien lui tenir compagnie! Jules est parti chez le maréchal-ferrant et nous devons aller faire la lessive avec maman.

—Euh... tu es sûre?

—Tu as peur qu'Albert te contamine? Je n'ai rien, moi, et je dors avec lui!

—Ben, c'est que... je ne voudrais pas être malade et rater l'école.

—Mais c'est pas possible ce que t'es agaçant! Tu penses qu'à toi, à l'école et au certificat! tempête la jeune fille. Va-t'en puisque tu n'es pas vraiment prêt à nous aider!

Ses pommettes rougissent et les pépites noires de ses yeux brillent de colère. Ils se jaugent un instant et Hadrien comprend qu'il est allé trop loin. Il sait qu'il ne lui reste qu'à céder s'il ne veut pas la fâcher pour de bon.

—Si! je veux t'aider! s'écrie Hadrien. Je veux vraiment t'aider.

—Alors prends ton paquet, ton fagot, entre ici et occupe-toi d'Albert, rétorque Simone, mi-en colère, mi-rassurée. Ta tante est passée, elle dit qu'elle ne peut rien faire; il est mal en point et on ne peut pas le laisser tout seul, alors tu le gardes.

Simone l'attrape par le bras, l'entraîne à l'intérieur et le place d'office sur un tabouret au côté du petit garçon tremblant de fièvre. Elle lui met un linge humide dans la main et, dans un froufrou de sa jupe, se saisit d'un gros panier de linge et sort.

—T… tu l'as m… mm… mise de mauvaise humeur, constate Albert, de sa petite voix bégayante.

Souriant avec gêne, Hadrien lui passe le linge sur le front. Il ne va quand même pas discuter de ses affaires de cœur avec un petit garçon ! Celui-ci se retourne vers le mur, l'abandonnant à son embarras. Le regard d'Hadrien parcourt la petite pièce, où tout s'entasse. Deux grands lits, une table graisseuse, des tabourets branlants et un buffet sans âge constituent le mobilier. De multiples étagères supportent les objets du quotidien, il n'y a pas de décoration. La mère d'Hadrien a mis dans leur propre maison quelques aquarelles qu'elle a réalisées, jeune fille, et même un tableau représentant un canal et son chemin de halage sur lequel un cheval solitaire attend peut-être une péniche à tirer.

Hadrien se dit qu'un dessin de son cousin serait du plus bel effet ici. Pris d'une inspiration subite, il sort de sa musette la lettre de son cousin et donne à Albert son magnifique paysage coloré.

—Oh, c'que c'est b… beau! C'est toi qui l'as d… dessiné? fait le petit.

—Non, c'est Adrien, mon cousin de la ville. Il est très fort en dessin.

Albert ne se lasse pas de contempler les arbres immenses, les petits animaux pleins de vie, il passe sa main sur le papier en souriant, les yeux brillants de plaisir. Hadrien a hâte d'en parler à Adrien, ça le remettra un peu d'aplomb de savoir qu'il a rendu le sourire à un petit garçon malade. Sortant de sa musette de quoi écrire, il s'installe sur la table et reprend sa lettre à peine commencée.

Cher Adrien,

Moi aussi, je suis content de t'écrire… quand je pense que j'ai pris ça pour une corvée, au début! Je veux bien être ton ami, je crois que je le suis déjà.

Je ne sais pas ce que sont des baskets. Et je t'avoue que je trouve que tu es un peu grossier avec ta mère, mais je comprends bien ce que tu dis par ailleurs; j'ai l'impression que les adultes oublient complètement ce que c'est que d'avoir treize ans, comme s'ils avaient perdu leur mémoire d'enfant en grandissant.

Cependant, ta mère a raison de te pousser à l'école, tu sais, c'est parce que j'étais doué en classe que j'ai réussi à séduire Simone. En lui récitant des poèmes, en lui écrivant des textes d'amour! Ne te laisse pas aller à la tristesse. Tu dessines tellement bien, tu pourrais lui faire un croquis rien que pour elle? Ton paysage est magnifique et j'aurais voulu l'afficher au-dessus de mon lit mais, finalement, je l'ai donné au petit frère de Simone; j'espère que tu ne seras pas vexé. Il est très malade et il doit garder le lit. Je peux te dire qu'il a adoré ta forêt imaginaire, ça lui a remonté le moral! J'aimerais bien, si ça ne t'embête pas de recommencer, que tu le refasses pour moi.

Par contre, je dois te dire que, pour l'exposé, ce n'est pas gagné : j'ai passé l'après-midi avec Lucien, le fils du médecin. Tu ne peux pas imaginer comme il est pédant ! Il n'a pas arrêté de me bassiner avec son vélo, les freins de son vélo, la selle de son vélo, les pneus de son vélo... J'en ai marre de travailler avec lui ! Le seul avantage par rapport à l'exposé avec Jules, c'est qu'on aura quelque chose de bien à présenter. Mais je t'assure, j'ai cru que j'allais lui coller mon poing dans la figure, il m'a traité de bouseux ! Enfin, il a été bien puni parce que son père l'a appelé idiot.

Toi au moins, tu es vraiment quelqu'un de gentil. Et ne t'en fais pas, je ne t'en veux pas pour ton conseil, tu ne pouvais pas savoir que Lucien serait aussi pénible. En tout cas, j'aimerais bien te voir aussi... Cela me donne

encore plus envie d'aller à Laon. Tu
pourrais me montrer ta Marion?

Ton cousin et ami,
Hadrien

Le soldat français libérant l'Alsace
(Belle au bois dormant), illustration issue
de *L'Histoire de l'Alsace* par Hansi

Chapitre 11

1er mars 2014

C'EST ÇA, C'EST EXACTEMENT ÇA! C'EST comme si les adultes avaient oublié ce que c'était que d'avoir treize ans! Hadrien sait trouver les mots, enfin quelqu'un qui le comprend! Adrien a enfin un ami et ça lui fait un bien fou. Il lit et relit la lettre avec passion. Sur sa chaise de bureau à roulettes, il fait des ronds dans le vide.

Si son cousin n'avait pas été là, il ne sait pas ce qu'il aurait fait. Il serait peut-être parti de la maison ? ou il se serait jeté par la fenêtre ?

«Il a adoré ta forêt imaginaire et ça lui a bien remonté le moral!»

Adrien n'aurait jamais pensé que c'était possible: qu'il remonte le moral, lui? À quelqu'un? Il pensait bien être la personne la plus mal placée pour faire une chose pareille. Il décide de l'appeler et il sort son téléphone de sa poche… puis il se frappe la tête: quel imbécile, il ne connaît toujours pas son numéro! Il l'avait demandé dans une de ces lettres, mais Hadrien a dû oublier. Il n'a même pas son e-mail! C'est trop bête. Dans sa prochaine lettre, il faudra vraiment qu'il les lui redemande.

Alors il refait son dessin de la dernière fois pour Hadrien, encore plus grand, encore plus beau, en se réfugiant dans ce monde intérieur où la beauté n'a pas disparu, où elle est encore éclatante et vive.

Quand son regard se pose sur son lit où trônent deux gros paquets cadeaux, un demi-sourire passe sur son visage. Aujourd'hui, c'est l'anniversaire d'Éloïse. Il lui a acheté une énorme peluche de tigre blanc qui lui a coûté une bonne partie de ses économies – et aussi quatre petites boîtes de pâte à modeler qui étaient en promotion.

Il est très inquiet au sujet de sa petite sœur; elle est de plus en plus malade. En fait, elle est tellement mal en point qu'à un moment il a presque cru qu'elle allait mourir. Le docteur lui a ri au nez quand il lui en a parlé.

«Ne t'inquiète pas, elle a une scarlatine carabinée. C'est une maladie sérieuse mais, avec une bonne dose d'antibiotiques, elle ne risque rien. Ta petite sœur sera remise d'ici une semaine ou deux.»

En attendant, elle a les joues et les bras boursouflés et, pendant la nuit, il l'entend gémir à cause de la fièvre. Parfois, il a tellement mal pour elle qu'il se lève pour lui apporter un verre d'eau ou lui passer un gant humide sur le front.

Il regarde sa montre: il va être en retard à la fête d'anniversaire de Sarah. Il prend la lettre de son cousin, la replie et la glisse dans sa poche. C'est idiot, mais ça le rassure, c'est comme s'il était moins seul. Il se sent mal à l'aise avec tous les autres élèves qui continuent à aller en classe et à apprendre leurs leçons, alors que lui ne fiche plus rien du tout. Il s'est lui-même enfermé dans une spirale infernale et coupé de tous les autres élèves du collège.

Et puis Sarah a invité plein de monde de plusieurs classes, il y aura sûrement Marion et il n'a pas du tout envie de lui parler.

Il se glisse dans le couloir sans faire de bruit pour ne pas réveiller Éloïse. Puis il descend l'escalier et trouve sa mère dans l'entrée. Elle lui sourit et le recoiffe rapidement d'une main dans les cheveux.

—Tu es prêt? Tu es superbe, dit-elle à voix basse.

Il sait qu'elle ment : il a des cernes sous les yeux, un petit bouton d'acné dans le cou et un air de chien battu.

—Merci, maman. Toi aussi.

En fait, c'est faux, ça se voit qu'elle n'a pas dormi de la nuit parce qu'elle se fait du souci pour Éloïse. Il a envie de la serrer dans ses bras et de la rassurer, comme l'aurait fait papa s'il avait encore été là.

—Ne fume pas, ne prends pas de drogue et ne brise pas le cœur des filles, hein! Je suis sûr qu'elles vont toutes te courir après.

—Maman…

Pourquoi faut-il toujours qu'elle gâche tout?

Sarah n'habite pas très loin. Adrien se regarde dans la vitrine du boulanger en passant. Il porte un jean et un pull à capuche comme tout le monde: pour les vêtements, c'est bon, personne ne devrait se moquer de lui. Il regarde ses baskets. Hadrien semble avoir quelque chose contre les baskets mais, en matière de mode, il n'a pas l'air très au point.

Devant chez Sarah, il entend déjà la musique filtrer doucement et, quand il sonne, c'est la mère de celle-ci qui lui ouvre. Elle est aussi rousse et aussi chaleureuse que sa fille.

—Bonjour! dit-elle avec un sourire, et elle se tourne pour appeler: Sarah, c'est ton ami Adrien!

Ça le touche qu'elle connaisse son prénom et surtout qu'elle dise «ton ami». Et, quand Sarah arrive aussitôt, il se sent déjà un peu moins tendu.

—Salut! Comment tu vas? Suis-moi, je vais te montrer. C'est moi qui ai tout préparé toute seule. Tu es en retard, dis donc, je me demandais si tu allais venir. Ils sont déjà presque tous arrivés!

Sarah n'arrête pas de parler. Elle est anxieuse pour sa fête et, chez elle, ça se manifeste par encore plus de paroles et de gentillesse.

—Elles sont chouettes, tes nouvelles baskets. Regarde, tadam! Je te présente mon chez-moi! Je sais, il y a encore des cartons, on vient d'emménager. Ça, c'est Rufus, notre chien, il est débile mais il est super gentil. (Rufus, un petit fox-terrier rigolo, aboie pour avoir des caresses.) Oh, toi, Adrien, tu aimes les animaux, ça se voit tout de suite. Tu verras, le garage est super grand et on peut même aller dans le jardin si on veut…

—Je peux t'aider? la coupe-t-il.

Elle le regarde avec de grands yeux étonnés.

—Ben dis donc, tu es le premier à me le proposer!

Il se penche à son oreille et lui chuchote:

—T'inquiète pas, ça va bien se passer. Ce sera une super fête d'anniversaire et tout le monde sera content.

Là, elle s'arrête carrément, elle s'adosse au mur et se met à respirer très fort. Tout à coup, elle est au bord des larmes.

—Oh! pardon, dit-il, je ne voulais pas te mettre mal à l'aise...

—C'est rien, dit-elle en lui pressant le bras. C'est juste que... j'ai la trouuuuuille, Adrien! Et s'ils trouvaient la musique trop nulle? et mes parents? et ma maison?

—C'est normal que tu aies peur. Tu es nouvelle ici, tu viens d'arriver, c'est ta première fête avec nous. Mais tout le monde t'aime bien. Tu vas voir, ça va être génial!

Elle acquiesce de la tête, puis elle lui chuchote à son tour à l'oreille:

—Tu es un gentil, toi. Tu as des antennes, tu ressens ce que pensent les gens.

Et puis, dès qu'ils arrivent au garage, elle retrouve instantanément son air joyeux et lui laisse dire bonjour à tout le monde. C'est immense, on dirait presque un hangar. Sarah a mis des tapis partout, elle a tout décoré et installé une table sur des tréteaux avec des jus de fruits, des sodas et des biscuits apéro. Il y a des invités partout, ils dansent ou discutent par petits groupes – il y en a aussi qui se bécotent déjà dans les coins.

Adrien repère une porte ouverte sur le jardin. Un grand soleil brille et il a envie de prendre l'air. Il regrette sa décision dès qu'il pose le pied dehors : Marion est là avec deux de ses copines, à dix pas devant lui.

Leurs regards se croisent. Entre eux passe quelque chose de dur, de noir, de triste. Puis elle détourne les yeux et c'est comme si le soleil s'éteignait d'un seul coup.

Chaque mot de leur dispute résonne encore dans sa tête. Quel crétin ! Qu'est-ce qui lui a pris, de lui parler comme ça ? Il n'y a plus rien à faire, maintenant, il n'y a plus rien à espérer. Sa vie est fichue…

—Adrien ?

—Hein ? Quoi ?

C'est Sarah, elle l'a surpris.

—Je voulais te demander : est-ce que tu as reçu d'autres lettres de ton cousin ? Parce que, tu sais, j'ai regardé le timbre, c'est vachement bizarre.

Ça lui fait du bien de penser à autre chose. Il acquiesce de la tête et sort la dernière lettre de sa poche.

—Regarde ! C'est le même timbre à 10 centimes avec l'ancienne Marianne ! fait Sarah en l'examinant attentivement. Et toujours pas de cachet de la poste !

Mais, soudain, quelqu'un lui arrache la lettre de la main. Adrien et Sarah relèvent la tête et croisent le regard furieux de Marion.

—C'est quoi, ça, des lettres d'amour ? D'accord, j'ai compris ! (Elle se tourne vers Sarah.) En fait, c'est toi qui as monté Adrien contre moi !

Le visage de la pauvre Sarah se décompose. Elle se remet à respirer très fort, sort de sa poche un médicament contre l'asthme et inhale trois bouffées. Adrien prend Marion par la main et l'entraîne à l'écart.

—Tu ne comprends rien du tout, dit-il doucement. C'est mon cousin qui l'a écrite.

Marion jette un coup d'œil à l'enveloppe.

—Ton cousin ? N'importe quoi ! Ce timbre a au moins cent ans !

—C'est bizarre, je sais. Mais je te jure que Sarah n'a rien à voir là-dedans, c'est la fille la plus gentille de la classe, elle ne dirait jamais de mal de toi, ni de personne.

Adrien a toujours été doué pour défendre les autres. Beaucoup plus que pour se défendre lui-même.

—Mais alors pourquoi tu m'as dit toutes ces choses chez toi! crie-t-elle. Pourquoi tu m'as chassée de ta chambre?

—Je… je suis désolé de t'avoir mal parlé, dit-il à Marion. J'étais en colère, je regrette.

Voilà, il l'a dit. C'était si simple, si facile. Mais il a trop peur de savoir si elle lui pardonne ou non. Au lieu de ça, il recule d'un pas et évite son regard. À cet instant, son téléphone vibre dans sa poche. C'est un texto de sa mère.

Ton père est sur Skype. Peux-tu passer à la maison tout de suite? Tu retourneras à ta fête après.

—C'est mon père, dit-il soudain. Je dois y aller.

Son père appelle trois ou quatre fois par an, il ne faut pas le rater.

—Adrien!

Il se retourne. Marion se mord la lèvre, la lettre à la main.

—Je…

Elle essaie de lui dire quelque chose d'important, il le voit aux plis sur son front, aux larmes qui perlent aux coins de ses paupières. Mais elle baisse la tête et fait simplement :

—Bon courage avec ton père.

—Dépêche-toi, mon chéri! dit sa mère en lui ouvrant la porte. Cette semaine, il est en Chine et c'est déjà presque la nuit, là-bas.

L'ordinateur portable est posé sur la table basse du salon.

Adrien s'assoit sur le canapé. D'abord, il ne voit qu'une tapisserie rouge à l'écran, puis son père apparaît dans le champ, en train de discuter avec une fille dans une autre langue.

«Ah! c'est toi, Adrien, » dit-il quand il s'aperçoit que son fils le regarde.

—Bonjour, papa.

« Je n'ai pas beaucoup de temps, mais je voulais vous faire un petit coucou à toi et à ta sœur. »

— On ne peut pas déranger Éloïse. Elle a la scarlatine.

« Oui, ta mère me l'a dit, c'est vraiment dommage parce que je ne vais pas pouvoir vous rappeler avant un bon moment. »

— Tu appelles pour son anniversaire ?

« Quoi ? Noooooon ! Ne me dis pas qu'on est déjà le... » (Il consulte la date sur sa grosse montre en métal.) « Bon Dieu ! tu as raison ! Ça m'est totalement sorti de la tête. Ce décalage horaire, ça me fracasse complètement. »

— Quoi ? Alors tu ne lui as pas envoyé de cadeau ? Même pas une carte ?

« J'ai oublié, je te dis ! Si tu crois que c'est simple. Je suis à l'autre bout du monde. »

— Justement ! C'est bien ça, le problème !

De rage, Adrien referme l'écran.

Son père avait déjà raté son anniversaire à lui l'année dernière mais, qu'il oublie celui d'Éloïse, ça lui fait encore plus mal.

—Referme bien l'écran quand tu auras fini, mon chéri! lui dit sa mère depuis la cuisine.

Ça, c'est déjà fait…

—Adrien! fait une petite voix en haut de l'escalier.

—Éloïse?

Il monte les marches quatre à quatre et la trouve assise, en pyjama. Ses joues sont toutes rouges et ses yeux brillent de fièvre.

—Tu ne dois pas attraper froid, il faut retourner au lit!

—C'était papa sur skaille-peu?

—Oui, c'était lui, il appelait pour… pour ton anniversaire, ment-il.

Éloïse sourit et un air de bonheur passe sur son visage.

—Je croyais qu'il avait oublié.

—Mais non! Qu'est-ce que tu racontes!

—Tu es allé voir le courrier aujourd'hui? demande-t-elle, pleine d'espoir. Il m'a envoyé quelque chose? Un paquet? Un cadeau?

—Euh… oui évidemment.

—C'est quoi? C'est quoi?

Adrien cherche désespérément une idée, quelque chose, n'importe quoi. Et puis ça lui vient d'un seul coup. Bien sûr! Il aurait dû y penser plus tôt…

—Attends, je vais le chercher, dit-il en lui faisant un clin d'œil.

Il file dans sa chambre et rapporte ses propres cadeaux. Les yeux de sa petite sœur brillent de plaisir quand elle déchire l'emballage du plus gros.

—Un tigre blanc! crie-t-elle dans une explosion de joie. J'adore les tigres! Il ne m'a jamais fait un aussi beau cadeau!

—Directement envoyé de Chine. C'est le pays des tigres blancs, tu sais.

—Et toi? dit-elle avec un air espiègle. Tu as un cadeau pour moi?

Il lui donne le deuxième et elle l'ouvre en faisant la moue.

—De la pâte à modeler! Dis donc, je ne suis plus un bébé, Adrien!

Elle soupire et secoue la tête.

—Mais c'est gentil quand même.

Cher Hadrien…, commence-t-il sa nouvelle lettre.

Il lui fait un nouveau dessin et il lui raconte tout : Marion, Sarah, Éloïse… et son papa qui n'est jamais là, surtout.

Je sais que ton père refuse que tu ailles au petit lycée à Laon et qu'il se met facilement en colère, mais le mien ce n'est pas mieux : il est en Chine et, depuis le divorce, il nous a complètement oubliés.

Chapitre 12

11 mars 1914

Cher Adrien,

Voilà, je n'ai pas encore reçu ta lettre,
mais j'avais besoin de t'écrire, besoin
de te raconter ce qui s'est passé hier
pour que tu m'aides, si tu le peux. Tu
te souviens du frère de Simone dont je
t'ai parlé? Pas le grand, non! Albert,
le petit, celui qui est malade. Eh bien,
son état a vraiment empiré depuis la
semaine passée: il tousse sans cesse,
la fièvre ne le quitte plus et le docteur

a parlé hier d'une pneumonie. Tu vois, je suis très inquiet, les médicaments ne font pas effet, il va peut-être mourir... Depuis cinq jours, j'aide Simone et sa mère à le veiller tandis que Jules travaille chez le forgeron, qui lui donne un peu d'argent en échange pour payer le médecin, qui a dû revenir deux fois déjà. Il a laissé tomber l'école.

Je me suis dit que sans doute, à la ville, vous avez des médicaments plus efficaces? Et, comme tu as plus d'argent que nous, cela sera peut-être possible pour ta famille de les payer et de les envoyer? Je te demande ça comme à un frère, comme à quelqu'un du village. J'espère que ce n'est pas trop exiger de toi, je te remercie si tu peux nous aider. Ton dessin lui a déjà fait si plaisir!

Hadrien

Après avoir glissé sa lettre dans une enveloppe, Hadrien va demander un timbre à sa mère avec un air grave qui l'inquiète.

— Que se passe-t-il?

— J'ai écrit à Adrien pour lui demander de l'aide. Il a sans doute des médicaments à la ville?

— Tu as eu raison…

— Il a fait quoi? tonne le père, assis devant le feu, occupé à aiguiser un grand couteau effilé. Quelques étincelles sautent de la lame.

— Il a sollicité notre famille pour sauver Albert, répond sèchement sa mère.

— Ta famille n'a rien à voir là-dedans! Ils ne sont pas d'ici, ces richards sont nés avec une cuillère en argent dans l'bec, ils ne comprendront rien à tout ça!

— Et alors? s'exclame la maman d'Hadrien, en colère. Moi aussi, je viens de la ville, moi aussi j'étais une de ces «richardes», comme tu dis!

— Mais non, c'est pas pareil, t'es d'ici maintenant! bougonne le père, un peu embêté.

La mère d'Hadrien prend le couteau des mains de son mari et commence à découper des pommes de terre avec énergie. «Shlack, schlack», fait le couteau sur la planche. Le père s'enfuit prudemment, tout en jetant un regard noir à son fils, comme s'il était responsable de cette dispute. Hadrien attend un peu pour sortir à son tour et aller poster sa lettre avant midi. C'est jeudi, il n'y a pas école et il s'est débarrassé de ses corvées assez tôt, en se levant à 5 heures ce matin pour nettoyer le poulailler et fendre du bois. Il voulait aussi se faire bien voir de son père, ayant décidé de lui parler enfin du petit lycée. Depuis qu'il aide la famille de Simone, le climat s'est adouci à la maison. Mais cette dispute vient de tout mettre par terre...

Il poste son enveloppe dans la boîte jaune avant de se diriger vers chez Simone.

— Ça va mieux ? demande-t-il, plein d'espoir, en poussant la porte.

— Pas du tout, soupire sa belle. Il n'a cessé de gémir et la fièvre ne baisse pas malgré les tisanes.

Des larmes perlent à ses yeux noirs, cernés de mauve et de fatigue. Hadrien la prend dans ses bras, non pas comme il l'a toujours fait, avec une assurance feinte, mais dans un élan du cœur qu'il ne se connaît pas. Elle se laisse aller contre lui, et il la sent soudain fragile, perdue. La vie est déjà bien compliquée pour sa famille depuis la mort de leur père. Hadrien espère que le malheur ne va pas frapper deux fois à la même porte ! Il l'embrasse doucement, ses lèvres sont chaudes, trop chaudes.

— Tu as de la fièvre aussi ! Repose-toi ! s'exclame-t-il, inquiet.

— Je vais m'allonger à côté d'Albert, je lui ai promis de lui lire une histoire s'il se réveille.

— Tu veux que je reste avec toi ?

— Non, je préfère que tu ailles à l'école pour demander au maître le livre d'images d'Albert, cela lui fera plaisir de les regarder.

— D'accord, je reviens vite.

— Hadrien…, hésite Simone, merci de tout ce que tu fais pour nous. J'espère que ça ne te prend pas trop de temps ?

— Non, pourquoi ?

— Il y a le certificat…

—Nous ne sommes qu'en février : j'ai encore le temps et mon père me donne moins de travail parce qu'il est content que je vous aide.

—Ce serait peut-être le moment de lui parler du petit lycée ?

—Je pensais justement le faire, oui ! Mais ne te préoccupe pas de ça, d'accord ? Je reviens avec le livre !

—Au fait ! tu remercieras ton cousin pour son dessin ? Albert l'adore !

—Je viens de le faire dans ma dernière lettre !

—Je suis contente que tu aies cet ami.

Hadrien court vers l'école, il grimpe les marches quatre à quatre, espérant que le maître n'est pas parti en vadrouille. Souvent, il se promène dans la campagne à la recherche de nids, de pelotes de chouettes, de fleurs sauvages et autres merveilles qu'ils étudient ensuite en sciences naturelles. Mais la chance lui sourit : le maître est là, lisant à son bureau, dans la classe vide.

—Hadrien! quelle bonne surprise! Vous avez des nouvelles d'Albert?

—J'en viens, ça ne va pas mieux…

—Tenez, j'ai cueilli de la sauge dans les bois pour lui faire de la tisane.

—Merci, s'enthousiasme Hadrien, heureux de cette solidarité qu'il sent entre chaque membre de la communauté. Je venais justement chercher son livre d'images. Et j'ai demandé de l'aide à mon cousin de Laon; j'espère qu'il va m'envoyer des médicaments.

—C'est amusant que vous parliez de lui, je vais à Laon dans deux semaines. Voulez-vous que je vous emmène pour le rencontrer?

—Oh oui, j'adorerais!

—Bien, ça m'intéresse aussi de voir cette rue Jean-Jaurès… Et j'aimerais lui demander où il trouve ses timbres étonnants.

—J'en ai ramené un autre, dit Hadrien, sortant la dernière lettre de sa poche.

—Je peux la lire? Je me pose des questions sur votre cousin…

—Non! s'écrie Hadrien avec fougue, avant de se reprendre. Euh… c'est personnel!

—Vous ne me faites pas confiance? demande le maître, un peu étonné de cette vive réaction.

—C'est que... il me parle de choses qu'il n'a sans doute pas envie que je révèle à d'autres.

—Ah! d'accord, je comprends... Vous vous êtes attaché à lui, finalement?

—Je crois, oui. Nous nous entendons bien. Il n'aime pas l'école et il parle bizarrement parfois... mais je l'aime bien. C'est comme un ami. Je peux lui dire des choses que je ne peux raconter à personne d'autre. Il est vraiment gentil. J'aimerais bien le rencontrer... euh... le revoir!

Un peu gêné de ce déballage auquel il n'est pas habitué, Hadrien tripote l'encrier du maître et il se retrouve vite avec le bout des doigts violet. Il remarque le titre du roman dont il a interrompu la lecture: *La Machine à remonter le temps*.

—Seriez-vous d'accord pour me prêter ce livre quand vous aurez fini de le lire, s'il vous plaît?

—Oui, bien sûr! C'est de H.G. Wells, un auteur anglais que j'aime beaucoup, explique le maître. Dans ce livre, il imagine qu'un scientifique fabrique une machine pour se rendre dans le futur. C'est une idée étonnante, n'est-ce pas, de penser que l'on pourrait rencontrer des gens d'une autre époque?

— Ce serait passionnant, si c'était possible!

— Mais cela ne vous servira à rien pour le certificat par contre; les inspecteurs ne trouvent pas cette littérature très sérieuse! Vous avez lu les pièces de Molière?

— Oui, j'ai presque fini *L'Avare.*

— Avez-vous parlé à votre père du petit lycée?

Hadrien baisse la tête. Cela fait plus d'un mois qu'il doit le faire, tout le monde lui en parle sans cesse. Il va bien falloir qu'il se lance.

— Je peux prendre le livre d'images d'Albert? demande-t-il, en se dirigeant vers le pupitre du petit garçon.

Le maître n'insiste pas au sujet de son père, et c'est ce qu'aime Hadrien chez lui: il le comprend à demi-mot. Pas besoin d'expliquer trois fois. En fait, il se rend compte qu'Adrien le comprend aussi de cette manière et cela le fait sourire.

— À demain, maître!

Midi sonne à l'église quand il frappe chez Simone.

— Je file, lui dit-il en lui tendant le livre d'images, je vais me faire gronder si je suis en retard pour le repas !

Elle n'exige qu'un baiser pour le laisser partir et il rentre chez lui. Quand il arrive dans la cuisine, tout le monde est déjà attablé et son père lui jette un regard noir.

— T'étais où ?

— Chez Simone.

— Hum, grogne le père, ajoutant, radouci, essaie d'arriver à l'heure quand même !

Le silence règne durant le repas, chacun est plongé dans ses pensées et Hadrien suppose que sa mère est toujours fâchée. Quand ils entendent frapper à la porte, la petite Marthe se précipite pour ouvrir au facteur et le père râle entre ses dents :

— Maudit bonhomme, il peut pas venir en dehors des repas ?

— Tiens, dit Marthe, c'est encore pour Hadrien.

— Le cousin t'a déjà répondu ? s'étonne Lucienne. Mais tu lui as écrit ce matin !

—Mais non, andouille, tu crois quoi, qu'on a une machine à accélérer le temps ? Nos lettres se sont croisées, c'est tout.

—Crétin toi-même ! rétorque Lucienne, vexée. Maman, pourquoi moi j'écrirais pas à ma cousine, aussi ?

—Ah ben c'est du beau, intervient le père, voilà que la grande s'y met !

—Ben c'est pas juste, geint Lucienne, Hadrien, il a tout ce qu'il veut… Déjà qu'il va aller à la ville pour le petit lycée.

—Quoi ? Comment ça ? éructe le père.

Hadrien jette un regard paniqué à son père et fusille Lucienne du regard : la peste l'a mis au pied du mur. Il ne va pas y échapper et c'est vraiment le pire moment ! À moins que…

—Le maître m'a proposé de l'accompagner à Laon jeudi en quinze.

—Et pour quoi faire ?

—Il pense aller au petit lycée en effet, et j'avais envie de l'accompagner pour rencontrer mon cousin Adrien et voir Grand-Père.

—Quelle bonne idée, s'exclame la mère, ce serait une excellente chose !

—Il y a du travail à la ferme, rétorque le père.

—Eh bien, tu n'auras qu'à manquer l'école le vendredi, Hadrien, pour aider ton père, réplique la mère, décidée à obtenir cette journée pour son fils autant qu'à tenir tête à son mari.

Le père grommelle, enfourne le reste de son repas et quitte la pièce bruyamment, fâché, tandis qu'Hadrien exulte. Il adresse une grimace à Lucienne, dépitée, mais sa mère lui donne une tape sur le bras.

—Maintenant, explique-toi!

—Que…

—Hadrien! tu sais comme moi que Lucienne ne parlait pas de cette promenade en ville. Tu as dans l'idée d'aller au lycée, c'est bien ça?

—Oui…

—On en a déjà parlé et ton père n'est pas d'accord.

—Mais, maman! pour l'argent, le maître dit que je pourrai avoir une bourse avec le certificat!

—Ce n'est pas une question d'argent: ton grand-père a déjà offert de te loger et de financer tes études.

—Je ne savais pas que tu lui en avais déjà parlé. Mais alors, quel est le problème ?

—C'est que… tu es le fils aîné, notre seul garçon : si tu pars, qui s'occupera de la ferme ?

—Je ne sais pas…

—Ton père compte sur toi pour prendre sa suite, il pensait que tu serais fier de suivre ses pas, de gérer ces terres.

—Elles ne sont même pas à lui, c'est un métayage[1] ! Elles appartiennent à ta famille.

—Tu sais bien qu'elles seront à toi quand tu seras majeur, Grand-Père désire que tu en hérites. Ce seront tes terres à toi, à personne d'autre et ton père rêve de te voir propriétaire, lui qui a travaillé les terres d'un autre toute sa vie.

—Pourquoi Grand-Père ne te les a pas données ? Tu es sa fille !

—Ils se sont fâchés à cause de moi : avant le mariage, Grand-Père m'a dit que, si je me mariais avec un paysan illettré, il ne voulait plus de moi comme sa fille. En fait, il s'est excusé en me

1. Le métayage est une façon de louer des terres. Un propriétaire, qu'on appelle le bailleur, confie à un preneur, le métayer, le soin de cultiver une terre en échange d'un loyer fixe.

menant à l'autel mais, pour ton père, c'est resté une blessure à vif et il n'a plus jamais rien voulu accepter de lui. Rien que vos abonnements aux illustrés m'ont demandé des heures de négociation. Alors le petit lycée ! Pfff. N'y pense plus et va donc couper du bois chez le père Jolan, il nous en offre une demi-stère en échange de notre charrue.

Sa mère le pousse dehors, Hadrien a juste le temps de glisser la lettre de son cousin dans sa poche. Il la lira dans les bois, au calme.

Quand il rentre, épuisé, de chez le père Jolan, il a des copeaux de bois jusque dans les cheveux et les mains pleines d'ampoules. Il doit retirer une grosse écharde de son pouce avant d'aller répondre à son cousin.

Sa lettre l'a troublé, il n'a cessé de retourner les mots d'Adrien dans sa tête. Très touché par la tristesse de son ami, il a envie de le rassurer, de le consoler, car sa peine semble immense, comme palpable à travers ses mots. Il a été ému qu'Adrien lui refasse son dessin aussi vite et d'aussi belle manière. Cela lui cause un immense plaisir et il l'accroche au-dessus de son lit, comme il l'a fait pour Albert. Mais il ne comprend pas du tout ce qu'il lui dit sur son père. Il serait en Chine? Un pays si lointain? Comment y est-il allé? En bateau? C'est incroyable que sa mère ne soit pas au courant. C'est tout de même son propre frère!

Le plus étonnant, c'est cette histoire de divorce… Ça, vraiment, c'est fou. Mais le curé a dû les excommunier! Quel scandale… C'est peut-être pour ça que sa mère ne lui en a pas parlé.

Quand il réussit enfin à extraire l'écharde de son pouce, à l'aide de la pointe effilée d'un couteau, il suce son doigt pour arrêter le sang tout en tournant ce mystère dans sa tête. Les timbres, le nom de la rue, les mots étranges, le divorce et ce voyage en Chine… cela fait beaucoup de mystère. Il a vraiment hâte de le voir pour lui poser toutes ces questions.

Cher Adrien,
Je t'écris pour la seconde fois aujourd'hui, tu auras donc deux lettres de moi. Je ne pouvais pas attendre pour te répondre, je suis très malheureux pour toi. Je ne comprends pas du tout ce que ton père fait en Chine, pourquoi

il ne s'occupe pas d'Éloïse et toi et vous laisse seuls avec ta maman. Je suis aussi très triste à l'idée que ta sœur soit malade. La scarlatine, ce n'est pas rien, j'espère qu'elle va vite guérir; ma sœur Lucienne a attrapé cette saleté quand elle était petite et nous avons eu tous très peur pour elle. Cela fait beaucoup pour toi et j'imagine que les problèmes avec Marion doivent te sembler insurmontables.

Mais, quand tu en parles, il est évident pour moi qu'elle est jalouse. Et donc elle s'intéresse à toi! Peut-être qu'elle n'a pas compris que tu pouvais être plus qu'un ami pour elle? Tu devrais en parler avec Sarah, elle pourra sans doute te conseiller. Tu dis que Marion est la bonne amie d'un garçon plus grand. Elle te trouve peut-être trop jeune? Montre-lui que tu es quelqu'un de gentil et de responsable, cela lui plaira. Les filles intelligentes préfèrent les garçons sur lesquels elles peuvent compter pour l'avenir.

Je termine ma lettre par une grande nouvelle: je viens à Laon dans dix jours! Ma prochaine lettre, je pourrai te la donner en mains propres!
J'ai hâte de te voir enfin.

Ton ami, Hadrien

AUX ÉLÈVES DES ÉCOLES

IL EST DÉFENDU

1° DE CRACHER À TERRE ;

2° DE MOUILLER SES DOIGTS DANS SA BOUCHE pour tourner les pages des livres et des cahiers ;

3° D'INTRODUIRE DANS SON OREILLE le bout d'un porte-plume ou d'un crayon ;

4° D'ESSUYER LES ARDOISES EN CRACHANT DESSUS ou en y portant directement sa langue ;

5° DE TENIR DANS SA BOUCHE les porte-plumes, les crayons, les pièces de monnaie, etc.;

Voulez-vous savoir maintenant pourquoi ces défenses vous sont faites ? Demandez-le à vos maîtres qui vous donneront les explications nécessaires.

Souvenez-vous enfin que vous ne devez pas seulement obéir à vous-mêmes à ces prescriptions, mais que vous avez encore le devoir de les faire connaître à tout le monde.

Règlement intérieur d'école

Chapitre 13

28 mars 2014

Hadrien,

Je n'ai rien compris à ta lettre, mais tu commences vraiment à m'inquiéter. Le petit frère de Simone est malade et tu n'as pas de médicaments ? Je suppose que sa famille n'a pas la Sécu, alors ! Ce sont des sans-papiers, c'est ça ? Tu aurais dû me le dire plus tôt !

Je voudrais t'aider, je te jure que je le ferais si je pouvais, mais je ne sais même pas de quoi le petit a besoin ! Et de ton côté, il n'y a pas de pharmacie, à Corbeny? Tu ne peux pas convaincre le pharmacien de te vendre quelques médicaments sous le manteau pour un enfant sans papiers?

Écoute, franchement, c'est idiot qu'on continue à s'écrire avec du vrai courrier à l'ancienne. Je trouvais ça rigolo, au début, mais là ça devient sérieux. C'est quoi ton numéro de téléphone? Tu as un e-mail où je peux te joindre? Ce serait quand même beaucoup plus pratique.

Parce que, si tu jettes un coup d'œil sur Internet à «pneumonie», tu verras qu'il ne faut surtout pas traîner avec ce genre de saleté, il y a de très gros risques quand ce n'est pas traité à temps. En tout cas, si la fièvre monte trop, tu n'hésites pas: tu appelles le SAMU ou tu l'emmènes aux urgences. Ils seront obligés de le prendre en charge.

Enfin, zut! on est au XXIe siècle ou quoi?

Excuse-moi, je m'emporte. Peut-être que je n'ai pas bien compris ta lettre et que je me fais des idées. Tu dois me trouver bizarre, toi aussi, mais...

Adrien repose son stylo. Il lui a semblé entendre sa sœur qui l'appelait dans la chambre d'à côté. Il se lève d'un bond, sort dans le couloir et tend l'oreille. Non, il s'est trompé. Elle devait juste faire un cauchemar.

Il revient à son bureau et jette un coup d'œil à regret à son téléphone portable. Ce serait si simple d'envoyer un texto ! Pourquoi ils ne se sont pas échangé leurs numéros plus tôt ?

... mais ma petite sœur est malade, elle aussi, je m'inquiète pour elle. Je n'ose même pas imaginer dans quel état elle serait, sans les antibiotiques que lui a prescrits le docteur ! Alors ce petit bonhomme dont tu me parles, ça me touche vraiment.
Je t'embrasse,

A.

Et puis il a un remords, il se souvient qu'Hadrien lui a parlé des problèmes d'argent de sa famille. Alors il sort de sa tirelire son unique billet de vingt euros – c'est presque tout ce qui lui reste depuis qu'il a acheté le tigre d'Éloïse –, le plie en quatre et le glisse dans l'enveloppe. Ce n'est pas beaucoup, mais ça pourra peut-être l'aider

Puis il dévale l'escalier, sort de la maison et va jusqu'à la boîte aux lettres bleue juste devant chez lui. Mais à peine a-t-il glissé l'enveloppe dans la fente qu'une nouvelle idée lui vient.

Et s'il séchait les cours cet après-midi? Et s'il prenait son vélo et qu'il allait jusqu'à Corbeny? Tant pis, il a trop hâte de voir Hadrien et de lui parler pour de vrai, il ne peut plus attendre. C'est idiot, sa lettre va arriver après lui!

Ouais, c'est nul, les lettres. Pourquoi Hadrien a-t-il oublié de lui donner son numéro de téléphone? Quel tête en l'air!

En redescendant la rue, il envoie un texto à Sarah.

Je sèche les cours cet après-midi. Je vais enfin
voir mon cousin, celui qui m'écrit des lettres.
bises.

Elle lui répond aussitôt.

Tu es fou, tu vas avoir des ennuis! Mais tu
prends une photo de lui, hein? Je veux voir s'il
est mignon!

Avec un sourire, il pianote en retour.

Dis donc, je te rappelle que tu sors déjà avec
Tom!

Il rentre à la maison et, au lieu de prendre son
cartable, il attrape un petit sac à dos qu'il remplit
d'une bouteille d'eau, d'une carte routière et d'une
barre de chocolat. Puis il va au garage pour sortir
son vélo. Jusqu'à Corbeny, il en aura pour deux
heures à pédaler dans le froid et peut-être sous la
pluie, mais là, il y a urgence.

Pour la première fois depuis des semaines, il
ne pense plus ni à Marion, ni à ses problèmes à
l'école: tout ce qui l'intéresse, c'est la pneumonie
d'Albert, le petit frère de Simone. Vraiment, il
trouve qu'Hadrien ne prend pas les choses assez
au sérieux.

Son téléphone vibre au moment où il dévale la pente à toute vitesse. Il le prend dans sa poche et voit la réponse de Sarah.

Et alors ? Ton cousin est le premier de sa classe, non ? Ce sera un bon parti. Plus tard il sera riche ! :)

Sacrée Sarah ! Elle a le don de le faire rire. Avec elle, il se sent un peu moins minable. À l'écouter, il regretterait presque d'avoir laissé tomber le collège.

Et je te rappelle que lui, il sort avec Simone, tape-t-il.

Ces derniers mots manquent de lui coûter la vie : une voiture est obligée de freiner à mort pour ne pas l'écraser, car, concentré sur son texto, il n'avait pas vu le feu rouge sur l'avenue.

Il continue comme un fou vers la nationale, direction Corbeny.

C'est pas juste, répond Sarah. Je suis sûre qu'il est à croquer, en plus.

La nationale, ce n'était pas une bonne idée : les voitures roulent comme des bolides en klaxonnant à son passage. Et puis il se met à pleuvoir. Au bout de dix minutes, il est hors d'haleine et trempé malgré son K-Way. Il s'arrête pour s'abriter à un arrêt d'autocar et en profite pour répondre.

Pourquoi tu en es si sûre ?

Son téléphone vibre aussitôt en retour.

Ben… c'est ton cousin, idiot !

Il reste bêtement à regarder ces quelques mots sur l'écran, en essayant de savourer chaque miette de cet instant. Il ne sait pas ce qu'elle a voulu dire exactement, ni pourquoi elle l'a dit. Est-ce qu'elle le drague ? Il espère que non, mais il lui en est reconnaissant.

En tout cas, ces mots effacent en partie les moqueries des copines de Marion dans sa mémoire et rehaussent un tout petit peu l'image qu'il a de lui-même. Et tout à coup, il comprend ! Sarah doit savoir toute l'histoire avec Marion, maintenant. Elle ne le drague pas, elle essaie juste de lui redonner confiance en lui, comme une amie. Et cela le touche énormément.

Alors, **dit-elle,** tu dis plus rien ?

Il s'apprête à taper quelque chose quand un nouveau message arrive.

Suis repérée ! A +

Aïe! elle a dû se faire choper en cours par la prof d'histoire-géo. Ça ne pardonne pas… Elle va se faire confisquer son téléphone pour une semaine.

Cela lui fait un coup au moral. D'abord, il se sent coupable, parce que c'est un peu sa faute. Ensuite, il se sent seul. C'est comme si la présence de Sarah auprès de lui avait soudain disparu. La pluie se fait plus forte. Il regarde en arrière vers la colline de Laon, vers la forme élégante de la cathédrale, visible à des kilomètres à la ronde. Puis il se tourne vers le sud où l'attend son cousin. Un sourire se dessine sur son visage : non, il ne va pas renoncer maintenant.

Quand il arrive enfin à Corbeny, trempé jusqu'aux os, la pluie s'arrête et un soleil timide pointe le bout de son nez. Dès qu'il passe le panneau de la commune, il voit tout de suite que quelque chose ne colle pas. Hadrien lui a décrit un village plein de vie, rempli d'enfants, avec son propre collège et des passants qui se croisent en tous les sens. Au lieu de ça, tout ce qu'il voit, c'est un village presque désert, aux nombreuses maisons abandonnées.

Une vieille dame promène son chien sur le trottoir. Il s'approche d'elle timidement et lui montre l'adresse sur une des enveloppes d'Hadrien. La vieille dame lui sourit.

— Les Lerac ont déménagé, mon petit, ils n'habitent plus ici depuis des années.

— Quoi ? Vous… vous en êtes sûre ?

Son téléphone vibre de nouveau. Tiens ? Sarah a réussi à récupérer son portable, finalement ? Mais il voit aussitôt que le texto n'est pas d'elle : c'est Marion. Son cœur fait un bond dans sa poitrine.

Adrien. J'ai montré ta lettre à la poste. Le timbre sur l'enveloppe date du début du siècle dernier. Ce n'est pas 10 centimes d'euros, c'est 10 centimes de franc ! C'est incroyable, mais tu as dû recevoir un courrier vieux de cent ans.

Il fronce les sourcils. Il aurait dû se douter que Marion ferait sa petite enquête. Quand elle a quelque chose en tête, elle ne lâche jamais l'affaire…

Nouveau texto :

La guichetière dit que c'est très rare, mais que cela peut arriver qu'un courrier soit délivré avec

181

plusieurs années de retard quand il y a eu un problème ou un accident.

Une colère froide s'empare de lui. Qu'est-ce qu'elle raconte ? Et de quoi elle se mêle ? C'est *son* cousin, c'est *son* histoire à lui !

N'importe quoi ! écrit-il. Ça ne peut pas être un courrier égaré ! Il y en a eu plusieurs et ce sont des réponses à mes lettres à moi !

Un troisième texto vient presque tout de suite. C'est très bizarre qu'il y en ait eu plusieurs, mais ce n'est pas impossible. Et pour ce qui est du contenu, tu as dû l'interpréter comme des réponses à tes lettres alors qu'en réalité c'étaient juste de vieilles lettres perdues.

Ce texto le met dans un tel état de fureur qu'il n'arrive même plus à taper sur son clavier. Qu'est-ce qu'elle lui dit exactement ? Qu'il déraille, c'est ça ? Qu'il s'est inventé un correspondant imaginaire ?

Au fond, il refuse de l'avouer, mais ce que dit Marion le terrifie complètement. Qui est Hadrien, au juste ? Il ne ressemble pas du tout au cousin dont il a un vague souvenir. Il essaie de se remémorer leurs échanges, de voir s'il est possible que Marion dise vrai… Alors les lettres d'Hadrien n'auraient jamais été des réponses aux siennes ? Et si cela ressemblait à des réponses, ce ne serait qu'une suite de hasards, de coïncidences et d'interprétations de sa part ? Est-ce qu'il s'est complètement inventé un ami ?

Je suis désolée, Adrien, mais tu prenais cette correspondance tellement à cœur, j'avais peur pour toi et je devais te le dire, écrit encore Marion.

Tu parles ! Il secoue la tête et ses doigts frappent les touches comme pour leur faire mal.

Tu peux me dire quelle sorte « d'accident » aurait causé la perte de cinq lettres, écrites pendant plusieurs semaines d'affilée ? Ça ne tient pas debout, ton histoire !

Il attend une vibration de son téléphone et il se met à lui crier dessus comme si c'était Marion elle-même :

—Ça ne te suffisait pas, de sortir avec un autre ? Il fallait aussi que tu détruises mon amitié avec Hadrien ? Je te déteste ! Je te déteste !

Il ressort de sa poche les deux dernières lettres d'Hadrien et il essaie de les relire pour comprendre.

Les mots s'embrouillent sous ses yeux embués de larmes.

Cher Adrien...

Adrien, c'est bien son prénom, non? Oui, mais ça ne prouve rien; des Adrien, il y a des milliers!

... Ton dessin est magnifique...

C'est bien *son* dessin, à *lui*. Ou alors il se trompe? ou alors c'est une coïncidence, cette lettre a été écrite il y a cent ans et s'adresse à quelqu'un d'autre?

... Tu pourras me montrer ta Marion?

Sa Marion.

Non, il n'est pas fou. Un seul Adrien au monde habite dans la ville de Laon, rue Jean-Jaurès, sait dessiner et aime une Marion... Cet Adrien, c'est lui. Il n'a rien interprété du tout. Ces lettres, elles ont été écrites pour lui et rien que pour lui;

Hadrien existe vraiment quelque part et leur amitié aussi existe.

Et puis, soudain, ses yeux se posent sur le vieux timbre qui intriguait tant Sarah. Ce timbre à 10 centimes de franc, même pas oblitéré, cette Marianne vieillotte, ces couleurs passées. Et soudain il comprend pourquoi ses lettres arrivent alors que son cousin n'habite plus ici, pourquoi Hadrien ne lui a jamais donné son e-mail, pourquoi il ne sait pas ce que sont des « baskets », pourquoi il parle si bizarrement, pourquoi le frère de Simone n'a pas la Sécu et cent autres « pourquoi » qu'il refusait de voir jusqu'ici.

Tout s'emboîte, la vérité éclate au grand jour, c'est si incroyable, c'est si impossible, si fou… Et c'est si simple, pourtant. Hadrien n'est pas son cousin, c'est un autre garçon. Et il ne vit pas en 2014, il vit *au siècle dernier*, quelque part dans le passé. Il n'y a aucune autre explication possible.

Alors ce qu'il attendait arrive. Une nouvelle vibration de son téléphone, un message.

Oui, je peux te dire quel accident a causé la perte de centaines de milliers de courriers en France à cette époque, **répond Marion.** L'un

185

des plus graves accidents de l'Histoire, Adrien :
la guerre de 14.

La… la guerre de 14 ? de *1914* ?

La tête lui tourne, il s'adosse au mur de la maison. Il ne comprend toujours pas comment il a pu écrire à un garçon qui vit cent ans dans le passé. Il n'a pas d'explication pour cela. Mais maintenant, il a une certitude : Hadrien est en danger de mort.

Chapitre 14

30 mars 1914

Très cher Adrien,

Je t'adresse ce courrier depuis le petit lycée de Laon où j'espère faire ma rentrée en septembre et j'ai de nombreuses choses à te dire. Déjà, je m'excuse de ne pas t'avoir répondu plus vite. Je te renvoie l'étrange billet de banque que j'ai trouvé dans ton enveloppe. C'est sans doute une erreur, mais il est très beau, c'est certain. Tu me diras de quel pays il vient?

En fais-tu collection? J'ai moi-même une belle collection de papillons: mon maître m'a appris à les attraper et à les conserver.

Toutes tes questions sur les médicaments m'ont aussi plongé dans la perplexité. Je pensais y répondre rapidement, mais, hélas, les événements m'en ont empêché: Albert, le petit frère de Simone, est au plus mal. La fièvre ne le quitte plus et il tousse de plus en plus. Le docteur dit qu'il s'agit d'une pneumonie et qu'il lutte pour ne pas mourir. J'ai passé autant de temps que possible avec Simone pour l'aider et la consoler. Pour te répondre donc, je ne sais pas ce qu'est la « Sécu » et nous n'avons pas de pharmacie dans notre village. Je comprends que tu ne puisses pas envoyer de médicaments, je vais demander à Grand-Père de nous en donner. Nous déjeunons chez lui, il était enchanté à l'idée de rencontrer mon maître.

Ce qui me semble bizarre, c'est que j'ai eu l'impression en lisant ta lettre que tu n'étais pas du même monde que moi. J'avais déjà été étonné par tes timbres, comme tu l'as été par les miens. J'ai aussi eu du mal à comprendre quand tu m'as dit que ton père était en Chine, ou quand tu as parlé d'échanger nos numéros de téléphone. Il n'y a pas encore le téléphone à Corbeny! Et je pensais t'interroger sur tout cela aujourd'hui. Mais tu n'es pas là! Il n'y a pas d'Adrien ici, pas de rue Jean-Jaurès non plus! Imagine ma surprise quand nous avons demandé notre chemin avec mon maître et qu'on nous a ri au nez! Nous venions d'arriver de Corbeny dans la voiture de la poste et je brûlais de te raconter ce trajet, car je n'avais jamais eu l'occasion de monter dans une automobile. Maître Julien connaît du beau monde et le chef de la poste de Crécy lui-même nous a conduits en ville.

Avant même de nous diriger vers le lycée, où mon maître avait rendez-vous, j'ai demandé où était ta rue, de façon à y passer avant d'aller déjeuner chez notre grand-père. Une femme m'a dit ne pas connaître, un autre m'a indiqué la rue du Cloître-Saint-Jean et le dernier est parti dans un grand éclat de rire, me disant que Jaurès ne risquait pas d'avoir un jour une rue à son nom "vu qu'il est une fripouille qui veut vendre le pays aux Boches!". Mon maître a tordu le nez en entendant cela et nous nous sommes éloignés.

Il m'a alors confié ses doutes sur ta... comment te dire ? ton existence ? Comprends-moi : je suis sûr que tu existes, mais je ne sais pas où tu es. Pas à Laon en tout cas. Ou alors... tu vas me trouver stupide peut-être : je me demande si tu vis bien en 1914 ? J'ai lu *La Machine à explorer le temps*, tu sais, cet homme qui voyage à travers les époques, et j'ai *l'impression que nous sommes dans ce roman! Est-il possible que tu sois un garçon du futur?*

—Hadrien!

—Maître Julien?

—Nous y allons, il est presque midi, ma réunion est terminée. Avez-vous fini votre lettre?

—Non, pas tout à fait, mais j'ai des questions à poser à mon grand-père avant de l'envoyer.

Hadrien replie sa lettre et la glisse dans l'enveloppe qu'il a préparée. Il s'était installé pour écrire dans une salle de classe du grand lycée de Laon, déserté en ce jeudi de congé[2]. C'est là qu'il sera s'il intègre le petit lycée. Bien plus vaste que leur petite salle de l'école communale, cette pièce est aussi plus ordonnée et dédiée à une seule discipline, le latin. Le *professeur* de latin, c'est ainsi qu'on dit au petit lycée, est l'ami du maître d'Hadrien, et il lui a expliqué qu'il devrait suivre des cours de rattrapage dans sa matière, car la plupart de ses futurs camarades de la ville

2. À l'époque, les enfants n'avaient pas école le jeudi.

ont commencé en sixième. À ce moment précis, Hadrien a pensé à Adrien. Est-ce qu'il pourrait l'aider? Il a demandé au professeur s'il connaissait un Adrien, mais celui-ci lui a répondu qu'il y en avait de nombreux.

—C'est votre prénom aussi, non? Il est amusant que votre cousin et vous ayez le même.

—Le mien porte un H.

—Comme l'empereur romain?

—Oui, c'est cela.

—Eh bien, nous étudierons son histoire l'an prochain, si vous venez au petit lycée.

Le maître et Hadrien rejoignent la sortie en observant les lieux, le premier avec curiosité, le second avec avidité. La cour semble immense et les bâtiments sont hauts, avec des centaines de fenêtres qui font entrer la lumière à flots dans les salles de classe. Il doit faire très froid l'hiver et très chaud l'été! Ils arpentent de longs couloirs avant d'arriver à la magistrale porte d'entrée et Hadrien est impressionné.

—Je me perdrai, avoue-t-il.

—Mais non, ne vous inquiétez pas, vous serez comme un poisson dans l'eau en moins de deux semaines! Voilà l'internat, là-bas. Vous logerez ici, à moins que votre grand-père ne vous garde chez lui ?

—Il en a parlé à ma mère, oui, mais ça ne change rien au problème : tant que mon père n'aura pas dit oui, je n'ai rien à espérer.

—Je vais lui rendre visite.

—Ne faites pas cela, ce serait encore pire !

—Vous n'allez pas fuir cette conversation éternellement. Les choses ne vont pas se résoudre par miracle, vous savez. Je vais discuter avec votre grand-père ce midi pour en savoir davantage sur la situation et ce soir, quand nous rentrerons, j'irai parler à votre père.

Hadrien se tait, anxieux. Il n'a toujours pas tenu sa part du marché avec Adrien. Certes, il a parlé à sa mère, c'est déjà un pas de fait, mais il doit surtout parler à son père. Celui-ci ne lui a pas adressé la parole ce matin au petit déjeuner. Pourtant, hier soir, il était de bonne humeur : ils ont parlé ensemble de machines agricoles, Hadrien lui a montré son exposé et les dessins qu'il a faits d'une batteuse et d'un tracteur sur de grandes feuilles, comme l'avait suggéré Lucien.

Dans dix jours, ils vont présenter leur travail. Le père s'est montré intéressé et il semblait assez fier. Peut-être que c'est le bon moment, en fait ?

En arrivant chez son grand-père, Hadrien est impressionné par la taille de la maison. Il savait que la famille de sa mère était riche, mais il n'imaginait pas une demeure à trois étages avec une grande porte de chêne, derrière laquelle un domestique les attend pour les conduire dans une immense salle à manger. La table peut accueillir au moins vingt convives et de hautes fenêtres donnent sur un beau jardin fleuri.

En bout de table, un vieil homme mince et énergique, le cheveu gris et rare, les attend et se lève à leur approche. Il a les traits marqués par l'âge, mais une certaine douceur, dans le menton et les joues, rappelle toujours à Hadrien qu'il est bien le père de sa mère tant elle lui ressemble.

— Hadrien ! quel plaisir de te voir ici ! Et bienvenue à vous aussi, monsieur, j'ai entendu le plus grand bien de vous. Hadrien est d'une nature enthousiaste !

— Sans doute, mais mon comptable, un ami à vous, je crois, m'a lui aussi vanté vos mérites. Il dit que vous êtes un vrai hussard noir, un véritable républicain.

Maître Julien se rembrunit, visiblement gêné. Hadrien le regarde, interrogateur.

— Ne vous inquiétez pas, cher maître, nous sommes visiblement du même bord politique, affirme le vieil homme avant d'ajouter, devant l'air dubitatif de son invité : n'imaginez pas que tous les bourgeois souhaitent la guerre, loin de là. Je suis pacifiste et socialiste, admirateur de Jaurès, comme vous. Je me suis enrichi grâce à ma bonne gestion de l'entreprise familiale ; ce n'était qu'une petite sucreric à l'origine. J'en possède douze à présent aux environs de Laon et mon bureau, comme ma résidence secondaire, sont à Paris. Tous mes ouvriers sont bien traités et bien payés. Je ne fais pas travailler les enfants ni les femmes la nuit. Qu'en pensez-vous ?

— Je suis étonné, c'est vrai, mais enchanté de rencontrer un homme tel que vous.

— Passons à table, nous aurons le temps de parler de tout cela.

Hadrien obéit, un peu déboussolé : il n'a pas compris grand-chose à leur conversation. Il ne sait pas ce qu'est le socialisme ni le pacifisme. Son grand-père a parlé d'une guerre ? mais contre qui ? Les Allemands, comme en 1870 ? Il a prononcé le nom de Jaurès, cela a-t-il à voir avec Adrien ?

Il s'assied devant une belle table, couverte d'une nappe blanche et d'assiettes de porcelaine fine. Les couverts sont en argent, les verres en cristal. Hadrien constate avec gêne que ses mains sont crasseuses, tachées d'encre, avec les ongles en berne. Un désagréable sentiment de malaise l'envahit, le chamboule… Pourtant, il était si heureux de cette journée.

—Hadrien ? Hadrien !

—Hein ? répond le garçon, perdu dans ses pensées.

—Ton maître me dit que tu venais voir le lycée ?

—Oui, je… j'aimerais beaucoup entrer en quatrième l'an prochain au lycée de Laon !

—Alors, ton père a-t-il enfin cédé ? J'ai écrit à ta mère pour leur proposer d'embaucher un garçon de ferme afin de te remplacer.

Le maître soupire et Hadrien baisse la tête. Le vieil homme n'a pas besoin de plus d'explications. Il connaît son gendre.

— Hadrien m'a aussi accompagné pour rencontrer son cousin, avec qui il entretient une correspondance fournie depuis trois mois, raconte maître Julien pour changer de sujet.

— Théodore? s'étonne le grand-père. Il n'est pourtant pas très porté sur l'écriture! Et vous ne vous étiez pas fâchés la dernière fois que vous vous êtes vus? Il me semblait que tu ne l'aimais pas beaucoup…

— Non, c'est à Adrien que j'écris, répond Hadrien.

— Mais… tu n'as pas de cousin Adrien!

— Comment ça? demande maître Julien.

— Je n'ai que trois petits-fils : ce fameux Théodore, Antoine et Hadrien, ici présent.

— Ce… ce n'est pas possible, dit Hadrien d'une voix blanche.

— Où habite-t-il, ce correspondant?

— Ici, à Laon. Rue Jean-Jaurès.

— Quoi? Mais il n'y a pas de rue Jaurès, sinon je le saurais!

Hadrien a l'impression soudaine de se noyer. Son grand-père le regarde comme s'il était un enfant en train de raconter des fariboles et son maître est stupéfait.

—Pourtant… ces lettres…

—Ce doit être une erreur, tout simplement! Demande au facteur, il a peut-être mélangé les courriers?

—Je… oui…, murmure Hadrien, complètement sonné.

Le repas se poursuit sans lui, il saisit des bribes de conversation: la guerre encore, des bâtiments de la marine française attaqués par les Allemands en rade de Toulon, le conflit des Balkans. Il comprend que la situation est très tendue entre les deux pays, mais ces informations finissent par lui passer au-dessus de la tête.

L'excellent poulet rôti, dont le jus délicieux aurait dû le ravir, le fromage onctueux et la tarte Tatin caramélisée ne lui font aucun effet. Il a l'impression de mâcher du carton. Dans sa tête, c'est la folie…

Après le repas, maître Julien, inquiet de voir son jeune élève aussi songeur, propose de rentrer. Il a évoqué la situation avec son grand-père et sait à quoi s'en tenir pour entamer la discussion avec le père d'Hadrien. Quand ils arrivent à Corbeny, le jour commence déjà à décliner, mais le père est absent, il est encore à l'étable. Marthe joue avec des coquilles de noix que son grand frère a transformées en petits navires et Lucienne reprise une robe sous l'œil attentif de sa mère, qui veut lui apprendre la couture, malgré la mauvaise volonté que sa fille aînée y met. Son ouvrage ressemble plus à une wassingue[3] qu'à une robe!

Le maître entre, un peu gêné, et s'adresse à sa mère :

—Je venais vous parler à tous les deux, madame Nortier, à propos des études d'Hadrien.

—C'est très bien, asseyez-vous donc en attendant mon mari. Et appelez-moi Louise, d'accord ?

—Bien, madame... euh... Louise...

---

3. serpillière.

Hadrien est un peu surpris de voir son maître s'emmêler les pinceaux devant sa mère puis il réalise qu'elle a des manières de dame quand elle reçoit quelqu'un, exactement comme Grand-Père. La même façon de se tenir, le même sourire avenant.

La mère propose à son invité un café, qu'elle prépare dans sa petite cafetière en fer-blanc, un souvenir précieux de son séjour en Italie, lorsqu'elle était encore jeune fille. Son père avait tenu à emmener ses enfants voir Rome et Florence, tout en leur lisant Stendhal et Du Bellay. Elle raconte ces souvenirs à maître Julien tandis qu'Hadrien se tord les mains sous la table, stressé, malheureux.

C'est alors que le père entre.

—Tiens? Bonsoir monsieur l'instituteur, dit-il de façon peu avenante.

—Bonsoir. Je vous ai ramené Hadrien.

—Il a été sage au moins?

—Oui, comme à son habitude.

—C'est que vous ne l'avez pas à la maison.

Le maître semble sur le point de répondre, mais Hadrien le regarde d'un air suppliant.

—Qu'est-ce que vous nous voulez, à part ça? demande le père, assez fine mouche pour comprendre que la conversation ne s'arrêtera pas là.

—Je suis venu vous parler de la suite d'études que pourrait faire Hadrien.

—Il n'est pas intéressé.

—Mais si! s'exclame le garçon, sortant de sa torpeur. Je veux aller au petit lycée!

Un ange passe. Puis le père s'assied, bruyamment.

—Bon. Alors, parlons-en.

—Eh bien..., commence maître Julien, Hadrien est doué pour les études et il aurait sa place au petit lycée. Plus tard, il pourrait obtenir son baccalauréat et devenir ingénieur.

—Oui, et ça l'amène jusqu'à quel âge au juste?

—Dix-huit ans. Vingt et un s'il poursuit.

—Il faudrait donc que je me passe de mon fils pendant six ans? Neuf peut-être? Oui, je sais compter, monsieur l'instituteur, et ce que je compte ne me plaît pas: la place d'un fils est auprès de son père!

—Pas forcément... Le mien est à Paris.

—Un Parisien, fait le père, avec une moue pleine de dégoût. Qu'est-ce qu'il avait à vous donner de toute façon ? De la terre ? Une ferme à mener ? Vous êtes parti parce que vous n'aviez rien de mieux à faire, voilà tout !

— Mais non, je vous assure !

— Et après, ces six ans, peut-être neuf, qui va les lui payer ? demande le père avec une lueur de colère dans le regard, de celles qui présagent le pire.

— Je peux obtenir une bourse si j'ai de bonnes notes au certificat, intervient Hadrien.

— Et si tu n'obtiens pas cette bourse ? rétorque son père d'un ton rogue.

— Mon père s'est proposé, dit alors la mère d'Hadrien, tu le sais.

— Ah, nous y voilà ! tonne le père, frappant du poing sur la table.

Tout le monde sursaute, Marthe pousse un cri et file se cacher dans les jupes de sa mère. Lucienne se fait si petite et immobile qu'on dirait une statue sculptée au coin de la cheminée. La mère essaie d'apaiser son mari en lui caressant le bras, mais il la repousse d'un geste.

— Oui, nous y voilà, dit soudain maître Julien.

Hadrien s'aperçoit que lui n'a pas du tout l'air inquiet et il admire son courage.

— Je ne veux pas de l'aide de ce *monsieur*, gronde le père.

— Cela tombe fort bien, il ne veut pas vous aider vous. Il veut aider Hadrien.

— Mais !

— Il est prêt à te payer un garçon de ferme pour compenser, intervient Hadrien, et je reviendrai en voiture tous les dimanches !

— En… en voiture ? hésite le père, décontenancé.

— Et si je veux poursuivre mes études à Paris, je pourrai aussi le faire, car Grand-Père y a un immeuble qui pourra tous vous loger, quand vous viendrez me voir ! s'exclame Hadrien, heureux de cette perspective.

— À Paris ? hoquette le père, de plus en plus stupéfait par l'assurance avec laquelle lui parle son fils.

— Oui, à la capitale ! s'enthousiasme maître Julien. Une chance incroyable pour Hadrien ! Son grand-père est si généreux ! Ce serait bien bête de ne pas en profiter.

Hadrien et sa mère se regardent, affolés ; ça ne va pas plaire au père de se faire traiter d'imbécile et ça ne manque pas…

—Ce serait bien bête? Mais qu'est-ce que vous y connaissez, vous, jeune blanc-bec!

—Je connais sans doute bien mieux que vous votre fils en tout cas, car il ne rêve que de ses études et vous n'avez pas l'air de vous en rendre compte.

—Je sais ce qui est bon pour mon fils! C'est de tenir cette ferme, car la terre nourrit toujours les hommes travailleurs, au lieu de courir à la ville pour finir sans le sou.

Hadrien, qui bout intérieurement, explose soudain.

—La terre nourrit les hommes? Tu dis ça alors qu'on a crevé la faim il y a deux ans après la sécheresse.

—Deux années de sécheresse de suite, ça s'était jamais vu, forcément que c'était dur. Mais on est toujours là! Et ça, c'est grâce à moi!

—Et maman alors? Et nous, on travaille à la ferme depuis qu'on est nés!

—Et tu voudrais quoi? Que je trime tout seul pendant que monsieur se prélasse! Je t'ai vu depuis des mois, tu essaies d'échapper aux corvées. Mais mon fils ne sera pas un paresseux, ça non! Je te ferai passer ce vice-là, mon p'tit bonhomme!

—Je ne suis pas paresseux! Je suis le meilleur de ma classe! crie à présent Hadrien sous les yeux médusés de sa famille, qui ne l'a jamais vu dans un état pareil.

—C'est pas du travail, ça! Tu ne sues pas sur tes livres, tu as le cul tranquillement collé à ta chaise et tu gobes les mouches!

—Qu'est-ce que tu en sais? Tu ne sais même pas lire!

C'est le mot de trop. La gifle part et claque si fort que le garçon est déséquilibré et manque de tomber. Sa joue se met à rougir immédiatement. Hadrien se redresse fièrement, retenant des larmes de douleur, et affirme:

—Je ne veux pas être comme toi, je veux avoir le choix.

Le père d'Hadrien se décompose soudain, estomaqué par les mots de son fils.

—Va dans ta chambre. Je t'amènerai ton dîner, lui dit sa mère en le poussant vers l'autre pièce avant qu'un autre coup ne parte.

Hadrien rentre dans sa chambre et claque la porte de rage. Il entend sa mère s'excuser auprès de maître Julien qui s'en va. Alors la dispute éclate entre ses parents. Tout est fichu maintenant. C'est sûr, jamais il ne pourra aller à Laon, il va rester coincé ici jusqu'à la fin de ses jours à traire les vaches, en espérant quoi? Qu'aucun de ces stupides bestiaux ne tombe malade? Que la grêle n'abîme pas les récoltes?

Il se jette sur son lit, bourre son oreiller de coups de poing puis se redresse, pris d'une envie terrible de se confier à son seul vrai ami.

C'est alors qu'il remarque l'enveloppe posée sur son lit; c'est sûrement sa mère qui l'a déposée là. Il reconnaît aussitôt le timbre bizarre et l'écriture horriblement mal soignée de son cousin Adrien.

Mais est-ce vraiment son cousin? Il regarde le nom et l'adresse, au dos: il est toujours écrit «rue Jean-Jaurès» et «Adrien Lerac», le nom de jeune fille de sa mère.

Cher Hadrien,
J'ai fait une découverte totalement dingue aujourd'hui. Je ne sais même pas comment t'en parler, c'est hallucinant...

Ce matin, j'ai pris mon vélo et je suis allé à Corbeny pour te voir. J'ai découvert que le village ne ressemble pas du tout à ce que tu m'as décrit! Aucun Hadrien Lerac, ni Nortier, n'y habite plus. Et là, j'ai enfin compris: tu n'es pas de ma famille, tu n'es pas mon cousin, tu n'es même pas du même siècle que moi.

On habite à vingt kilomètres l'un de l'autre, mais à cent ans d'écart! Je sais, tu vas penser que je suis tombé sur la tête. C'est du délire, ça n'a pas de sens. Mais il faut me croire, Hadrien, c'est la vérité! Regarde le timbre de ma lettre, regarde cette coupure de presse que je t'envoie. Ce matin, j'ai acheté exprès un journal qui existait déjà à ton époque.

Joint à la lettre, il y a un extrait du journal *L'Humanité*. Hadrien le déplie avec des doigts tremblants et regarde la date: 29 mars… 2014.

Adrien vit en 2014. Cent ans les séparent. Un siècle entier.

Mais ce n'est pas tout. Est-ce que tu vis bien en 1914 comme je le crains ? Je connais l'avenir de cette époque, je sais exactement ce qui va se passer en 1914 et j'ai peur pour toi. J'ai carrément la trouille, Hadrien. Parce que des choses terribles vont se produire, des choses dont tu ne peux même pas avoir idée. L'Allemagne va déclarer la guerre à la France le 3 août 1914. Ce sera une guerre atroce, comme on n'en avait encore jamais connu. Elle durera des années et elle va tout dévaster. Au bout de quatre semaines, ton village sera occupé. Il sera totalement détruit ainsi que toute la région, il ne restera plus rien de ta maison, des champs de ton père et de tout le reste. Alors, je t'en supplie, trouve un moyen de partir avant, n'importe lequel, mais ne reste pas ici ! Fuis à Paris par exemple, tu seras à l'abri là-bas. Les Allemands ne descendront jamais au-delà du sud du département.

J'espère que tu comprends. J'espère que tu me crois. Et j'espère que tu m'écouteras, surtout, parce que tu es en danger de mort.

Ton ami,
Adrien

La guerre? Chez lui?
C'est un cauchemar.

Jean Jaurès

Chapitre 15

21 avril 2014

Cher Hadrien,

Il s'est passé trois semaines depuis que nos dernières lettres se sont croisées et je commence à paniquer. Comment va Albert ? Pourquoi ne réponds-tu pas ? J'ai peur pour lui, j'ai peur pour toi. Mais est-ce que tu vis réellement en 1914 ? Est-ce que c'est bien à moi que tu écrivais jusqu'à maintenant ? Marion dit que c'est une mauvaise blague, que tes lettres n'ont jamais été écrites pour

moi, que tout cela est une coïncidence.
J'en deviens fou.

Adrien repose son stylo sur son bureau et chiffonne sa feuille. C'est vrai : il en devient fou. Est-ce qu'il doit continuer à écrire à ce cousin qui n'est pas son cousin… Au fond, qui est-ce ? Il n'en sait rien !

Sa mère ouvre sa porte à la volée.

— Adrien ! crie-t-elle. Tu as vu l'heure ? Tu as encore l'intention de sécher les cours comme la dernière fois, c'est ça ?

Elle a le visage rouge des jours de colère, les mains crispées, les cheveux défaits. Quand il était petit, il pleurait quand il la voyait dans un état pareil. Maintenant, elle ne lui fait plus vraiment peur.

— Mais non, maman…

Sa montre indique 8 heures. Aïe ! elle a raison, il est en retard !

— Tu ne fiches plus rien ! Tes notes sont lamentables ! Et voilà que je suis obligée de te surveiller comme un gamin de cinq ans pour être sûre que tu partes à l'heure au collège !

Elle ramasse son cartable et le tire par le bras pour le faire descendre de sa chaise.

—Allez, du balai! Tu as intérêt à te rattraper en fin de trimestre, c'est moi qui te le dis. Sinon, plus d'argent de poche, plus de sortie.

—Maman, tu m'as déjà supprimé l'argent de poche quand papa est parti. Et je ne sors jamais.

—Alors plus d'ordinateur!

—Quoi? Tu ne peux pas faire ça, j'en ai besoin pour travailler!

—C'est ça! Paie-toi ma tête, par-dessus le marché! Tu passes ton temps sur tes jeux en ligne avec des trolls et des dragons. Tu me prends pour une idiote? Je regarde tes historiques, figure-toi!

Elle n'a pas tort… Jusqu'à maintenant, il passait effectivement des heures sur des jeux en réseau. Mais, depuis sa visite à Corbeny, il n'a plus qu'une seule obsession: tout savoir sur la guerre de 14. Il a emprunté des livres d'Histoire au CDI, il a vu des photos sur Internet, il y a passé tout son temps libre… Il a découvert que la région où il vivait, les petits villages qu'il connaît, tout cela a été au centre des combats.

—Adrien! Tu m'écoutes quand je te parle?
Je te préviens, si je reçois encore *une seule* lettre
d'absence du collège, ton PC, je le revends sur Le
bon coin!

—C'est dégueulasse!

Il arrache son cartable des mains de sa mère,
dévale l'escalier et sort en claquant la porte. Il jette
un regard inquiet à la petite boîte aux lettres bleue
et se met à courir pour rattraper son retard.

Au collège, il fait semblant de suivre les cours,
il se tient à carreau. Sa mère a touché un point
sensible: pour se renseigner sur la guerre, il a
trop besoin de son ordinateur. Pas question de le
perdre en ce moment.

—Les enfants, dit soudain la prof d'histoire-
géo après avoir clos un chapitre du cours, dans
le cadre de la commémoration du centenaire de
la guerre de 1914, je vous rappelle que, fin mai,
nous partirons en visite scolaire à la Caverne du
Dragon sur le Chemin des Dames. C'est à vingt-
cinq kilomètres d'ici.

Adrien relève aussitôt la tête. Pour la première
fois depuis des mois, il se met à écouter avidement.

—L'un ou l'une d'entre vous sait-il ce qui s'est passé sur le Chemin des Dames entre 1914 et 1918 ?

Un doigt se lève.

—Tiens, Willy ?

—Euh… je ne levais pas le doigt, m'dame, je… je me grattais le nez.

Tu parles, il faisait des signes à ses deux copains de l'autre côté de la rangée. La prof les a séparés, mais ils continuent à faire les imbéciles.

—Dis-nous quand même ce que tu en penses ! Le Chemin des Dames, qu'est-ce que ça t'évoque ?

Avec un sourire légèrement moqueur, elle ajoute :

—Ne sois pas timide. Vas-y, dis-nous tout.

—Ben…, commence-t-il, mal à l'aise. C'était un chemin où… les soldats jouaient aux dames.

Une partie de la classe pouffe et se moque de lui. La prof lève les yeux au ciel.

—Quelqu'un d'autre a une idée brillante sur le sujet ?

D'un air fatigué, elle contemple les rangées de têtes baissées, puis son regard se pose sur Adrien et son doigt pointé en l'air. Elle fronce les sourcils et hoche la tête.

—Adrien? Qu'y a-t-il? Toi aussi, tu te grattais le nez? Tu penses que c'était un chemin où les soldats jouaient aux dames?

—Fayot, Adrien! chuchote Willy dans son dos.

Il se lève, hésite un peu puis commence d'une voix tremblante:

—C'est un chemin d'environ trente kilomètres qui part de la route de Soissons et qui se termine au village de… de Corbeny. Son nom date du règne de Louis XV, quand les deux filles du roi l'empruntaient régulièrement. Il n'a rien à voir avec la guerre.

La professeur retire ses lunettes, étonnée.

—C'est exact.

—Au cours de la Première Guerre mondiale, il a été l'enjeu d'une première bataille sanglante en 1914.

Adrien repousse sa chaise, les yeux brillants, les mains moites. Il se dirige droit au tableau blanc, prend un feutre noir et, en quelques grands traits brossés d'une main sûre, il dessine une carte du nord de la France. Toute la classe le regarde faire, bouche bée.

—L'Allemagne déclare la guerre à la France le 3 août 1914. Les Allemands attaquent la Belgique, un pays neutre, pour prendre l'armée française à revers par surprise.

Du bout de son feutre, il pointe Bruxelles qu'il a placée tout en haut du tableau, et redescend d'un geste ample vers le bas.

—Ils s'enfoncent dans les lignes françaises par le nord de notre département. La Picardie, le Nord, les Ardennes, la Marne et d'autres régions sont envahies. Mais, en septembre, les armées française et anglaise font volte-face et commencent à repousser leurs ennemis vers le nord.

Adrien prend un feutre bleu pour figurer les Français et trace une flèche énergique vers le haut.

—Alors les Allemands se replient sur la meilleure ligne de défense naturelle qu'ils trouvent à portée de la main : le Chemin des Dames.

Un feutre vert pour les positions allemandes. Une hachure noire au centre du département, comme une balafre au milieu du visage. En quelques secondes, Adrien dresse le décor.

—C'est l'endroit idéal pour eux : une crête de trente kilomètres de long, avec une vue imprenable sur le plateau de l'Ailette. Et, en prime, une partie du site a servi de carrière de pierre autrefois. Il y a des galeries souterraines que les Allemands aménagent et remplissent de nids de mitrailleuses. La plus grande de ces galeries porte le nom de « Caverne du Dragon ». L'avance française est stoppée net. Des milliers de soldats partent à l'assaut de la crête et sont fauchés par les balles et les obus.

Il se retourne vers la classe, pointe son feutre vers les premiers rangs et imite le bruit de la mitraille.

—Les positions restent figées dans chaque camp pendant trois ans. Le terrain est dévasté. Les habitants ont fui ou sont morts dans les combats. Ceux qui sont du côté allemand, comme ici, à Laon, sont sous l'occupation ennemie.

Il s'arrête, les joues rouges, le front en sueur.

—Il y a des exécutions de civils, des massacres, des famines. L'occupant déporte des milliers d'hommes dans des camps de travail en Allemagne. Pour les autres, ce sera les travaux forcés aux champs… Le nord de la France se couvre de cultures de choux, les civils français et françaises y travaillent du matin jusqu'au soir, la faim au ventre !

D'un seul coup, il se retourne vers le tableau et trace deux nouvelles flèches bleues qui partent à l'assaut de l'armée verte.

— Mais la seconde bataille du Chemin des Dames sera plus terrible encore que la première. En 1917, le général Nivelle lance une immense offensive pour reprendre le plateau. Il pense pouvoir atteindre Laon dès le premier jour de l'attaque. En réalité, les Allemands, bien retranchés, massacrent les Français qui montent en première ligne. Cela dure des mois pour des résultats quasiment nuls, on estime qu'il y a deux cent mille morts. Les soldats se mutinent, certains sont fusillés. Laon ne sera jamais atteinte, la Caverne du Dragon finira par être prise par les Français au prix de pertes considérables. Et en 1918, quelques mois plus tard, les Allemands reprendront tout le terrain perdu.

Il s'arrête un instant, les yeux dans le vide. Il contemple ses flèches, ses lignes et ses couleurs sur le tableau. Alors il hachure toute la zone autour du Chemin des Dames et poursuit :

—Sur une bande de cinquante kilomètres de large, la terre n'est plus qu'un immense champ de trous d'obus. Des trous, des trous à perte de vue! L'air et le sol sont saturés de gaz: un projectile sur quatre avait une charge chimique…

Ses mains tremblent. Quand il essaie de reposer son feutre noir dans la rainure sous le tableau, il le fait tomber par terre.

—Est-ce que… est-ce que vous pouvez vous imaginer tous ces réfugiés, ces survivants, qui sont revenus chez eux après la guerre? Ils ne reconnaissaient rien, absolument rien de leurs villages et de leurs champs: pas deux pierres debout l'une sur l'autre, pas un chemin, pas même un arbre. C'est comme si on leur avait arraché une partie d'eux-mêmes…

Les larmes lui montent aux yeux et, d'un pas mal assuré, il retourne à sa place sous le regard stupéfait de toute la classe.

Personne ne dit un mot, même pas Willy. La prof jette un œil au tableau, compare la carte d'Adrien à celle qui figure sur son manuel scolaire, et chausse de nouveau ses lunettes pour être sûre qu'elle ne se trompe pas: il a reproduit chaque frontière, chaque courbe du Chemin des Dames à la perfection.

Et à Corbeny, tout au bout de ce chemin, il a tracé une grande croix noire.

À la fin du cours, il sort du collège, les yeux rivés au sol. Dans sa tête, le fracas des canons résonne encore.

—Petit! eh, petit, attends! fait soudain une voix derrière lui.

Il se retourne et aperçoit une vieille femme toute fripée, perchée sur une canne et presque cassée en deux tellement son dos est voûté. Il la connaît de vue, elle habite dans le quartier et on raconte qu'elle n'a plus toute sa tête.

—Bonjour, dit-il poliment.

—Bonjour, bonjour… Je voulais te dire une chose importante, mon p'tit gars. Une chose *trrrès* importante.

Elle a une voix tout éraillée, avec un accent paysan picard à couper au couteau. On entend les «r» rouler comme de la mitraille.

—Qu'est-ce que… qu'est-ce que vous voulez? demande Adrien, mal à l'aise.

—Ta lettre, mon petit!

Elle pointe un index tout tordu vers lui et lui tapote l'épaule avec.

—La lettre que tu as froissée ce matin sur ton bureau! Tu dois absolument l'envoyer!

Il en a le souffle coupé.

—Quoi? Vous… vous m'avez vu froisser la lettre? Vous êtes au courant pour Hadrien?

La vieille se recroqueville sur elle-même en gémissant, se tasse sur sa canne et lui fait signe de partir.

—Fais c'que je te dis, mon gars. Envoie ta lettre. C'est tout ce que j'ai à te di*rrre*.

Il la regarde partir et secoue la tête. Ce qu'il est bête! À un moment, il a presque cru qu'elle parlait vraiment de sa lettre pour Hadrien. *La pauvre vieille débloque complètement,* pense-t-il, *elle a sûrement un Alzheimer ou une maladie de ce genre.*

Mais il revoit le papier froissé sur son bureau, soupire et change d'avis: cette lettre, il va quand même l'envoyer. Son ami lui manque trop.

Chapitre 16

23 mai 1914

Cher Adrien,

J'ai bien reçu tes lettres, je suis confus de ne pas t'avoir écrit depuis presque un mois. J'ai été complètement abasourdi par ce que tu m'as dit. Alors tu vis vraiment en 2014 ? Je t'avoue qu'au début je ne savais pas quoi penser de cette idée, même si cela explique tous les mystères que soulèvent nos lettres. Mais, au fond, il y a une chose dont je suis sûr, c'est que je peux te faire confiance.

Mais est-ce que tu es sûr de toi pour cette guerre dont tu parles? N'as-tu pas pu te tromper? Peut-être que je ne crains rien ici, à Corbeny? J'évite d'y penser, je te l'avoue, parce que j'ai le vertige à chaque fois. Ça ne me semble pas réel.

J'espère que tu vas comprendre et que tu ne m'en voudras pas. Voilà, les choses ici vont mal: Albert, le petit frère de Simone, est mort il y a trois semaines, emporté par sa pneumonie. Le docteur n'a rien pu faire, et tante Jeannette non plus. Simone est effondrée, elle pleure tout le temps et je n'arrive pas à la consoler, car je suis moi-même très triste.

Hadrien a le souffle court en écrivant ses mots… Il revoit Albert, la veille de sa mort, toussant sans discontinuer pendant de longues minutes, jusqu'à cracher du sang, puis s'effondrant, sans force, dans un sommeil agité et fiévreux. Cela a été si vite. Le lendemain midi, quand Hadrien était arrivé de l'école, il était mort, tout blanc, tout petit, recroquevillé dans le grand lit comme un bébé. Sa mère lui tenait encore la main, assise à son chevet, gémissante, et Simone pleurait silencieusement, debout près de Jules. Hadrien avait tourné un peu autour d'eux, ne sachant que faire, remettant du bois dans la cheminée, leur servant un bol de soupe à chacun. Mais la soupe s'était figée dans les écuelles sans que personne n'y touche et Hadrien était reparti sans mot dire, le cœur ravagé, incapable de pleurer tellement cette mort le mettait en colère. En colère contre quoi ? Contre qui ? Personne en fait. Le médecin, tante Jeannette, personne n'y pouvait rien. Et, même si Adrien avait pu lui envoyer les médicaments, ça n'aurait pas été assez vite. Il faut qu'il le lui dise !

Je voulais te dire que tu n'y es pour rien, je suis vraiment honteux de t'avoir laissé t'inquiéter, tu ne pouvais pas m'aider de toute façon ; cela a été si vite que tes médicaments ne seraient jamais arrivés à temps, même si nous avions compris plus tôt qu'un siècle nous séparait.

Depuis un mois, malgré la tristesse d'avoir perdu Albert, je pense à toi et à ton explication incroyable. Cela n'a pas été simple au début, je me suis dit que j'étais fou, que j'avais la fièvre moi aussi, et puis j'en ai parlé à Simone et cela l'a fait rire. Je pense que c'est la seule fois où elle a ri ces dernières semaines : je te remercie pour ça, le rire de Simone, le dessin pour Albert, les conseils, tout cela est précieux. Je n'en ai rien à faire que ce soit de la sorcellerie ou de la magie qui nous relie! Mais, du coup, j'ai plein de questions! Comment vis-tu? Dans une maison? Il y a des voitures partout? des avions? J'ai lu les livres de H.G. Wells que m'a passés maître Julien : vous pouvez devenir invisibles? Vous avez vu des Martiens?

Imaginer tout cela et lire m'ont permis de tenir le coup pendant tout ce temps.

Parlons de toi, tu as réussi à parler à ta Marion ? J'ai tenu ma part du marché et ça a été catastrophique. Mon père ne veut rien entendre, malgré le soutien de mon grand-père qui propose de tout payer, même le salaire d'un garçon de ferme pour me remplacer ! Il ne veut pas que je parte. Je n'ai plus aucune motivation, je comprends tellement mieux ce que tu dis à propos de l'école. Je ne le pensais pas possible pourtant. Mais je crois que tu dois quand même t'accrocher et je te propose un nouveau marché : tu passes en troisième et j'ai mon certificat. Après, si vraiment on n'arrive à rien de mieux, au moins on aura été au bout de ça et on l'aura fait ensemble. Qu'en penses-tu ?

Je t'embrasse, mon ami,
Hadrien

Hadrien finit sa lettre et juste à ce moment-là, comme par magie, tante Jeannette frappe à la porte.

—Entre, Jeannette, entre vite! dit sa mère en lui ouvrant.

Dehors, il pleut à verse ; le printemps est pluvieux, les beaux jours se font attendre. Le père est aux champs, en train de labourer la terre grasse qui colle aux sabots. On dit que la terre est « amoureuse » quand elle fait ça. Hadrien a plutôt l'impression qu'il traîne des boulets quand les mottes de terre s'attachent à ses godillots et qu'il doit aider son père à sortir le cheval d'une ornière. Il ne faut pas qu'il s'épuise inutilement, ils n'ont qu'un cheval et il est vieux. Sans lui, la charrue qui a coûté si cher ne servirait plus à rien. Hadrien se secoue ; il prend pitié d'un canasson maintenant !

—Brrr, fait tante Jeannette en se rapprochant du feu. Quel temps de cochon !

—Tu veux un café ?

—Non, surtout pas : ce breuvage bizarre me donne des maux de ventre. Fais donc de la tisane, plutôt. Tiens, je t'ai apporté des plantes contre les maux de ventre. Tu m'as bien dit que tu avais des nausées, n'est-ce pas ?

Tante Jeannette tend les herbes qu'elle vient de sortir d'une des multiples poches de son tablier à sa belle-sœur quand, soudain, elle arrête son geste.

— Oh! mais, tu es enceinte!

— Quoi? Non, je ne crois pas.

— Cela doit faire un mois, pas plus, tu ne t'en es pas encore rendu compte!

— Fille ou garçon? demande la mère, qui ne met pas une seconde en doute la parole de tante Jeannette.

Hadrien, qui commence à croire un peu plus à la magie avec son correspondant du futur, tend l'oreille. Tante Jeannette n'est pas considérée comme une sorcière pour rien : outre ses talents de soigneuse, elle est connue pour ses prédictions, elle avait «vu» les sécheresses des années précédentes.

— Ce sera une fille…

— Oh! maman, intervient Marthe. Ce bébé, pourrait-on l'appeler Suzanne, comme ma poupée? Suzanne Nortier, ce serait joli!

En fait de poupée, il s'agit d'une sorte de chiffon sur lequel sont cousus deux boutons.

Hadrien la regarde, attendri : lui aussi a passé des heures à jouer avec des bonhommes qu'il s'était fabriqués, faute d'argent pour acheter de vrais soldats de plomb.

—Ça va bien se passer ? s'affole la mère d'Hadrien, qui a déjà perdu deux nourrissons en bas âge.

—L'accouchement, oui. Mais au-delà de sa première année je... je ne vois rien, c'est comme brouillé.

—Tu veux dire que...

—Elle va vivre, ne t'en fais pas ! C'est juste que je n'arrive pas à démêler les fils de son avenir. En tout cas, je pense qu'elle sera forte. Puissante, même.

« Puissante ? » Hadrien lève un sourcil. Qu'est-ce que ça veut dire ? Qu'elle sera comme tante Jeannette, elle sera... un peu sorcière, elle aussi ? Il secoue la tête. Non, il ne va pas commencer à imaginer n'importe quoi. Il s'éclipse pour aller poster sa lettre, et salue sa tante qui pose la main sur son bras et plonge ses yeux brillants dans les siens.

—Ah! je vois comment sont noués les fils de cette histoire! Tu as raison de demander de l'aide à ce garçon : c'est de lui que viendra peut-être votre salut. File poster cette lettre!

Hadrien est estomaqué. Comment sait-elle pour Adrien? Est-ce que cela veut dire que la menace de la guerre est bien réelle? Les questions lui brûlent la langue, mais déjà sa tante est allée s'asseoir près du feu et elle fait mine de l'ignorer.

Complètement déboussolé, il va à la petite boîte jaune, en face de la maison, pour y glisser l'enveloppe, puis se dirige vers l'école. En passant devant le cimetière, il évite les tombes du regard. Il n'y a pas mis les pieds depuis deux jours et il ne veut pas voir la terre fraîchement remuée sur la sépulture d'Albert. Depuis qu'il s'est disputé avec son père, il n'a plus été question du certificat, du lycée ni de quoi que ce soit. En revanche, son père l'a pris dans ses bras juste avant l'enterrement. Ils ont mis des habits noirs, de ceux qu'on sort le moins souvent possible, raides à cause de l'amidon et sentant fort la naphtaline. Au moment de sortir, le père a retenu Hadrien par le bras et, là, il l'a attiré vers lui pour le serrer. Hadrien a même entendu un sanglot étouffé et, enfin, ses larmes se sont mises à couler. Son père l'a tenu longtemps, le temps que tout son chagrin sorte. Enfin, elles se sont taries et ils ont pu partir.

—Je suis fier de toi, tu es un ami précieux pour Simone et sa famille. C'est comme cela qu'un homme doit se comporter.

Quand il arrive à l'école, c'est la récréation. Les autres élèves sont dehors, en train de jouer. Jules n'est pas là non plus, il ne viendra plus maintenant. Il a commencé son apprentissage de forgeron et se plonge dans ce nouveau travail pour ne pas trop réfléchir.

Lucien regarde Hadrien d'un œil torve. Ils ne se sont plus parlé depuis que l'exposé est passé. Ils l'ont présenté devant la classe juste avant la mort d'Albert. Les félicitations du maître lui sont passées au-dessus de la tête. Lucien en a profité pour tirer la couverture à lui.

— C'est moi qui ai fait les dessins. Et j'ai eu aussi l'idée de les mettre sur ces planches !

— C'est excellent, Lucien, bravo !

Et ce petit serpent a même ajouté :

— Je pensais que nous aurions pu en faire plus, mais Hadrien n'était pas très motivé…

— Ce n'est pas grave, ces trois planches sont déjà très réussies, a répondu le maître pour ne pas froisser Hadrien.

Hadrien n'a même pas été en colère sur le coup, il a juste regardé Lucien avec mépris et il a eu sa revanche hier soir. Le médecin était au chevet d'Albert quand Hadrien leur a rendu visite et il lui a dit :

— Hadrien ! je te félicite pour l'exposé ; tu as réussi à faire travailler mon imbécile de fils, c'est vraiment un tour de force. Viens à la maison quand tu veux pour faire tes devoirs !

Le jeune homme entre dans la classe vide et se dirige vers le bureau du maître. Celui-ci lève les yeux du journal qu'il lisait pour le regarder s'avancer. Il arbore un air soucieux.

— Comment allez-vous, Hadrien ?

—Ça va, ça vient. Je pense qu'il faut que je me replonge dans les études pour me changer les idées. Mais je vous dérange, peut-être ?

Le maître montre le journal de la main.

—Pas du tout ! Regardez : ce journal s'appelle *L'Humanité*, dit le maître, il a été créé par Jaurès et celui-ci y écrit d'autant plus d'articles que les élections législatives sont pour bientôt et que la gauche part gagnante.

Hadrien s'est intéressé à tout cela depuis sa visite à Laon. Mais ce qui attire son attention, c'est l'article de la une, « Contre les trois ans », qui s'oppose à la nouvelle loi sur le rallongement du service militaire, votée en 1913.

—Ah oui ! fait le maître en suivant son regard, cet article est intéressant lui aussi.

Puis il commence à lire à voix haute :

« Nancy occupé par les Allemands ; Verdun, Épinal, investis ; les 6e, 7e, 20e et 21e corps d'armée cédant sous la pression de l'ennemi et abandonnant la Woëvre, la Meurthe-et-Moselle, la ligne des Vosges, etc. Imaginez ces terribles nouvelles traversant la France dans les dix premiers jours de la guerre ! Et cependant, nous sommes en pleine réalité. L'invasion des frontières est infiniment probable.»

—Maître? ose Hadrien, vous pensez qu'il va y avoir la guerre entre la France et l'Allemagne, n'est-ce pas?

—C'est possible, en effet. Jaurès en parle et il y a eu des conflits au Maroc qui laissent penser que la paix est en danger. L'armée allemande est moderne et très puissante; s'il devait y avoir une guerre, elle serait sans doute meurtrière. Je suppose que les conscrits seraient en danger, oui, et que les batailles seraient rudes aux frontières. Mais ne vous inquiétez pas trop de cela: de là à imaginer que nous serions en danger ici à Corbeny, je crois que certains journalistes exagèrent parfois pour nous faire peur.

—C'est que… en fait, je ne crois pas qu'ils exagèrent. Je pense qu'ils ont raison et que nous sommes tous en danger. Adrien me l'a dit. Mais c'est tellement incroyable que je n'osais même pas vous en parler.

—Adrien? Vous correspondez encore?

—Oui, pourquoi?

— Mais vous ne croyez pas que c'est un peu étrange, ce garçon qui n'est pas votre cousin, dont vous ne savez même pas où il habite?

— Adrien dit qu'il vit dans une autre époque… Dans le futur. En 2014.

— Quoi? C'est une plaisanterie, je suppose!

— Pourquoi? Vous n'arrêtez pas de lire des romans qui se passent dans le futur!

— Et je comprends mieux pourquoi vous ne voulez plus lire que ça! Certes, les timbres sont étranges et l'adresse aussi, mais… Hadrien, il ne faut pas que vous vous mettiez ce genre d'idées en tête!

— Pourquoi? Vous ne croyez pas qu'il existe des choses qu'on ne comprend pas, des choses magiques?

— Non, je sais que dans les campagnes les gens sont encore superstitieux mais, moi, je n'y crois pas une minute. Je crois que vous avez été très touché par tout ce qui est arrivé à la famille de Simone et que vous vous consolez avec cette histoire.

— Non, non, il faut que vous me croyiez, maître. Adrien dit qu'il y aura la guerre avec l'Allemagne, qu'elle commencera le 3 août 1914, l'ennemi arrivera jusqu'ici, à Corbeny. Il dit aussi que tout sera complètement détruit dans la région. Je sais que vous n'allez pas me croire, mais je vous en supplie, monsieur, mettez-vous à l'abri cet été, quelque part dans le Sud ou chez votre père à Paris. Regardez : je vous ai amené ses dernières lettres ! Voyez vous-même !

Il lui tend la coupure de presse, le morceau de journal avec sa date de 2014, mais le maître n'y accorde même pas un regard.

— Allons, mon garçon, répond-il d'un air soucieux. Quelle imagination vous avez ! Je n'aurais pas dû vous lire cet article, il vous a retourné l'esprit. Laissez cela de côté, n'y pensez plus. Nous allons nous concentrer sur le certificat : dans trois semaines, vous passerez un examen blanc et je veux que vous soyez prêt comme s'il s'agissait du vrai certificat.

D'un geste qui clôt la discussion, le maître reprend sa plume pour corriger les cahiers des élèves. Hadrien, complètement abattu, sort de la classe en retenant ses larmes. Si même le maître ne le croit pas, lui qui sait tant de choses, alors qui le croira? Comment va-t-il bien pouvoir faire pour convaincre sa famille de partir avant le mois d'août?

Dehors, il a la surprise de tomber sur Lucien, qui semble l'attendre. Hadrien fait mine de l'ignorer mais, en moins de deux secondes, Lucien se jette sur lui et le plaque contre le mur.

—Alors comme ça, je suis un imbécile, hein? aboie-t-il. Tu m'as débiné auprès de mon père hier soir!

—Qu'est-ce que tu racontes?! s'exclame Hadrien, le souffle coupé.

—Et t'es allé lui dire quoi au maître, sale cul-terreux? Que c'était toi qui avais fait tout le boulot?

—Mais non! Lâche-moi!

—T'as pas intérêt à faire le mariole, t'as compris? Ou je te casse la gueule.

Lucien s'en va en courant au moment où la porte de la classe s'ouvre.

—Hadrien? Tout va bien? demande le maître.

Le garçon grommelle:

—Oui, oui…

Il a une très grosse envie de pleurer, mais il pense à Adrien et cela le réconforte. Lui est son ami, et ça, ça vaut de l'or.

Ruines de Revigny-sur-Ornain
après la bataille de Verdun, 1916

Chapitre 17

Cela fait longtemps qu'Hadrien n'a pas écrit. Bien sûr, c'est peut-être normal mais, maintenant, Adrien ne peut pas s'empêcher de s'inquiéter. Il a pu attraper une pneumonie comme Albert? peut-être mourir? À l'époque, la médecine n'était pas très avancée et les soins n'étaient pas remboursés.

Bon, en tout cas, la guerre n'a pas encore été déclarée en 1914: ce ne sera que dans trois mois, le 3 août, et Corbeny ne sera occupé par l'ennemi que début septembre. Mais si Hadrien

ne le croyait pas ? Et s'il ne quittait pas le village ?
Il serait probablement tué au cours des combats.
Ou bien capturé par les Allemands et réduit en
esclavage comme les habitants des zones occupées.
Ou bien exécuté. Il y a eu tellement de massacres
de civils à cette époque !

Il pense déjà à la lettre qu'il va lui écrire, les mots
résonnent dans sa tête et il essaie de les retenir :

Ne reste pas chez toi, demande à ta famille de fuir. Va à Paris, par exemple, les combats n'iront pas jusque-là. Surtout, emmène tes petites sœurs avec toi, et Simone, et aussi tous ceux que tu arriveras à convaincre. Je sais que ça paraît fou et que tu auras du mal à y croire, mais je te jure que c'est vrai, il faut partir...

— Bonjour Adrien ! lui dit Sarah dans le
couloir devant la salle d'anglais. Pas de nouvelles
de ton cousin, aujourd'hui ?

— Ce n'est pas mon cousin, dit-il en soupirant. Mais non, pas de nouvelles. Au fait, ça s'est bien passé pour toi, le conseil de classe ?

— Oh, toujours la même chose : « élève sérieuse, mais étourdie », « discute en classe », « peut mieux faire ». C'est pareil chaque trimestre depuis la sixième…

Elle éclate de rire et va retrouver les autres.

Hier, c'était le conseil de classe du deuxième trimestre. Adrien s'attend à un redoublement et, contrairement à ce qu'il aurait cru, ça lui fait quelque chose. Il a beau se dire qu'il s'en fiche et que l'école ne sert à rien… Quand il voit tous les élèves agglutinés autour des délégués dans le couloir devant la classe, il s'aperçoit qu'il angoisse horriblement, lui aussi.

Qu'est-ce qui m'a pris ? se dit-il. *Je n'ai rien fichu pendant trois mois ! J'ai tout laissé tomber !* Et puis il serre les dents et il se répète en boucle : *l'école, ça ne sert à rien, l'école, ça ne sert à rien…* comme pour s'en convaincre

— Adrien ! l'appelle Tom.

C'est l'un des deux délégués de classe, le petit ami de Sarah. Il prend son travail très à cœur.

—Salut Tom.

Adrien s'est toujours bien entendu avec lui. Certains le trouvent agaçant parce qu'il est un peu trop parfait : grand, sportif, bon en classe, ami avec tout le monde… mais il est vraiment gentil.

—Je t'ai défendu au conseil de classe, tu sais.

—C'est super sympa de ta part, mais je ne veux pas savoir ce qui s'est passé…

—Il va falloir se ressaisir, hein ! dit Tom sans l'écouter. Tous les professeurs sont unanimes : tu as complètement décroché au deuxième trimestre !

—Oui, je sais.

Tom a ses papiers sous les yeux mais il ne les regarde même pas. Visiblement, il se souvient très bien de son cas. Oh, Adrien devine ce qui a dû se passer. Tous les profs ont dû se lâcher contre lui, ça a dû être un vrai tir de barrage. Il l'a bien mérité, d'ailleurs.

—Tu dois te battre, Adrien ! Tu dois travailler sérieusement au troisième trimestre !

—Je vais redoubler, c'est ça ?

—Non, justement.

—Comment ça, non ? Tu as vu mes notes, un peu ? C'est la cata !

—Ils te laissent une chance. Si tu t'appliques au dernier trimestre, tu pourras passer en troisième. Au début de l'année, tu avais un bon bulletin. Les profs m'ont demandé ce qui s'était passé, alors je leur ai dit que c'était à cause de Willy et de ses copains qui te rackettaient.

—Tu as dit ça ? Mais ce n'est pas vrai !

—Willy se moque tout le temps de toi, non ? Et il a renversé tes affaires dans la cour !

—Oui, mais...

—C'était le meilleur moyen que j'ai trouvé, en tout cas, et ça a marché.

—Écoute, Tom, c'est super gentil de ta part, seulement tu vois...

—Mais je n'aurais pas réussi sans le soutien de la prof principale.

—La prof d'histoire-géo ? Elle m'a défendu ?

Adrien n'en croit pas ses oreilles. Après son zéro au contrôle-surprise ? Après les Touaregs dessinés sur la copie ? Il s'attendait à ce qu'elle le descende en flammes !

—Elle était comme une furie, t'as même pas idée ! Il fallait la voir quand le prof de maths a parlé de ton redoublement : elle s'est levée de sa chaise et elle a tapé du poing sur la table, tout le monde a sursauté. Et puis elle a crié que, si on faisait redoubler un élève comme toi, elle irait voir le principal, elle demanderait un recours, elle irait jusqu'à l'académie!

—Elle a dit ça?

—Je te jure! Je ne l'avais jamais vue dans cet état!

—Mais pourquoi elle m'a défendu?

—Pourquoi? Enfin, Adrien! tu as vu le show que tu nous as fait au dernier cours? Ta leçon sur le Chemin des Dames! On était tous scotchés devant ton exposé! Et tu te demandes pourquoi la prof d'histoire-géo te défend?

—Mais ça n'a rien à voir, c'est à cause d'un ami, j'ai fait des recherches…

—Tu rigoles ou quoi? C'est un truc de malade, ce que tu as fait! Ça a fait le tour du bahut! Tous les profs d'histoire-géo du collège sont venus regarder le tableau où tu avais dessiné ta carte, ils étaient fous, ils ne voulaient pas croire que c'était un élève qui avait fait ça! Tu es doué, vraiment très doué. Il ne faut pas que tu laisses tomber.

Adrien est gêné devant une telle avalanche de compliments. Il n'en demande pas tant.

—Merci de m'avoir défendu, en tout cas.

—Je te devais bien ça. À cause de Sarah.

—Pourquoi?

—Elle est arrivée en cours d'année et elle n'avait aucun ami au collège à part moi, alors je lui ai dit d'aller te parler, parce que je savais que tu serais sympa avec elle. Moi, quand j'ai débarqué dans ce collège l'année dernière, tu es le seul qui soit venu me voir et me présenter à tous ceux que tu connaissais.

—Ce n'était pas grand-chose.

—Tu le fais sans même y réfléchir, c'est naturel chez toi.

—Quoi?

Tom hausse les épaules.

—Je ne sais pas. Être gentil. Faire attention aux autres.

En sortant du collège, Adrien est complètement plongé dans ses pensées. La prof d'histoire-géo qui le défend, lui ! Jamais il n'aurait pensé que le conseil de classe se passerait de cette manière. C'est un peu comme si son ami Hadrien l'avait sauvé, comme si ça donnait un sens à toute cette histoire de lettres. Il se sent heureux, soulagé, il a envie de dire au monde entier qu'Hadrien l'a aidé.

—Eh, l'intello !

C'est Willy et ses deux copains.

—Alors c'est toi le héros du jour, hein ? Tu as bluffé tout le monde avec ta belle petite carte au tableau et ton discours sur la guerre. Ben moi je vais redoubler, figure-toi. Pourtant, je n'ai pas des notes pires que les tiennes.

Les autres élèves s'attardent devant le portail, profitant du beau temps. Mais quand le grand Willy commence à élever la voix, ils s'écartent sans bruit, ils détournent la tête.

—Je trouve pas ça juste, tu vois. Et puis il paraît que tu m'as bien chargé au conseil de classe.

—Je… j'étais même pas là ! répond Adrien. Je ne suis pas délégué !

Willy s'approche de lui, il le dépasse d'une tête. Adrien peut voir ses piercings dans le nez et les poils de sa barbe naissante sur son menton.

—Peut-être pas, mais il y avait ton copain Tom. On m'a dit qu'il avait raconté des trucs pas très sympas sur moi. Par exemple que je t'avais racketté. Tu le crois, ça? Moi qui ne rackette que les petits sixièmes!

—C'est dégueulasse de t'attaquer aux sixièmes! crie Adrien sans réfléchir.

—Oh, faut pas pleurer, l'intello! Parce que tu sais quoi? Mes potes et moi, on va faire une exception pour toi, ouais.

Les deux autres se mettent à ricaner et se placent de chaque côté pour l'empêcher de s'enfuir.

—Je suis sûr que tu es pété de thunes, hein? Alors donne-nous tout ce que tu as! Tout de suite!

—Je... j'ai un euro pour aller acheter le pain, dit-il en mettant sa main dans sa poche et en leur tendant une pièce.

—Je le crois pas. Vous avez entendu ça? dit-il en se tournant vers les deux autres. J'ai l'impression que l'intello se paie nos tronches!

Willy l'empoigne par le col de son pull, le tire vers lui et chuchote à son oreille:

—Tu vas vider tes poches. Et après je vais te cogner quand même, juste pour le plaisir.

Adrien sent un frisson de terreur lui parcourir l'échine. La poigne de Willy est si forte qu'il peut à peine respirer. De près, son visage déformé par la haine est hideux à voir, et les pellicules dans ses cheveux retombent sur ses épaules quand il se met à le secouer.

—Eh! vous avez vu comme il est rouge? On dirait une pastèque!

—Les pastèques… sont… vertes, imbécile, murmure Adrien, la gorge serrée.

—Quoi? Qu'est-ce que tu as dit?

Le poing de Willy s'enfonce droit dans son estomac. Il ouvre grand la bouche, les yeux exorbités. La douleur lui fait monter des larmes aux yeux et, quand Willy le lâche, il s'écroule sur les genoux.

Ne pas vomir, surtout, ne pas vomir.

—T'en veux encore, je parie, hein?

Alors une fille pousse un cri aigu qui vrille les tympans, si fort que Willy lui-même fait la grimace et se met les mains sur les oreilles.

C'est Sarah.

Autour d'eux, les autres élèves la regardent, puis se tournent vers Adrien. Ils sont des dizaines. Les deux copains de Willy partent en courant, mais lui, il reste là, bêtement, au centre d'un cercle de curieux.

— Quoi ? Vous voulez ma photo ?

Les collégiens se reculent un peu, mais ne se dispersent pas. Il y a même Tom qui s'avance.

— Laisse-le, Willy ! crie Sarah.

— Ouais, t'en as pas marre de t'attaquer à un plus petit que toi ? dit Tom, qui fait sa taille.

— Tu veux te battre, le délégué, hein ? Tu veux te battre ? crie Willy.

C'est là qu'Adrien lui vomit sur les baskets.

Soudain, la prof d'histoire-géo surgit parmi les élèves et s'approche à grands pas. D'une main experte, elle attrape le bras de Willy et le tire si fort qu'il couine de surprise.

— Toi, tu vas me suivre immédiatement chez le directeur.

Quelqu'un tend une main à Adrien. Une élève l'aide à se remettre debout, un autre ramasse sa pièce, son sac qu'il avait lâché, ils lui demandent s'il va bien.

— Merci, bredouille-t-il, merci à vous tous.

— Tu peux marcher ? lui demande Sarah. Tu veux qu'on t'emmène aux urgences ? C'est juste à côté !

— Je crois que ça va aller.

Il sort son porte-monnaie et y remet sa pièce.

— Tu avais au moins quinze euros, là-dedans ! s'écrie Sarah.

Et elle éclate de rire.

En rentrant chez lui, ce soir-là, une lettre attend Adrien sur la table de la cuisine. Une lettre au timbre étrange, écrite à la plume Sergent-Major et à l'encre noire…

Chapitre 18

28 mai 1914

— Tiens, Hadrien, va donc me ramasser quelques gousses de petits pois pour la soupe, s'il te plaît !

— Mais maman, je viens de me lever…

— Habille-toi vite alors !

À la table du petit déjeuner, Hadrien a encore les yeux brouillés, il a travaillé tard hier soir et le réveil est dur. Coucher à 23 heures, lever à 6, il n'a pas cessé de réviser ainsi depuis deux semaines.

Aujourd'hui jeudi, c'est le grand jour, il passe le certificat blanc avec Lucien et deux autres camarades. Le maire prête son bureau pour l'occasion et, hier, ils ont descendu les quatre pupitres du premier étage où se tient la classe. Cela semble vraiment étrange de se trouver dans ce lieu solennel, Hadrien n'y est jamais entré.

À quatre pattes dans le potager, à la recherche des gousses de petits pois qu'il discerne mal dans le jour naissant, Hadrien se récite les départements français en vue de son épreuve :

— Cantal, Charente, Charente inférieure, Cher, Corrèze, Corse, Côte-d'Or, Côtes-du-Nord…

Il les connaît par cœur les quatre-vingt-six départements, ainsi que ceux d'Algérie, Alger, Oran, Constantine et les Territoires du Sud. Ce dernier le fait rêver, il s'imagine le désert, les Berbères et leurs turbans bleus, en haut de leurs chameaux… ou est-ce des dromadaires ? S'il part à Paris, il verra peut-être des animaux fabuleux qu'il ne connaît qu'en gravures dans son livre de sciences naturelles !

Avec sa tête des mauvais jours, Lucienne sort de la maison un panier de linge sous le bras, linge qu'elle va aller battre au lavoir. Souvent, elle annonce qu'elle se mariera avec un homme riche qui aura des domestiques pour faire la lessive à sa place. Peut-être qu'à l'époque d'Adrien il y a des machines pour faire ce genre de tâches ennuyeuses?

— Hadrien! tu as arraché un pied! crie-t-elle.

— Je te conseille de ne rien dire, sinon gare à toi..., menace-t-il.

— À qui veux-tu qu'elle ne dise rien? fait la grosse voix de son père dans son dos.

— Euh... à maman...

— Je ne dis rien si tu viens m'aider à sortir cette idiote de Biquette de l'étable: elle ne veut rien savoir ce matin, propose son père, de bonne humeur.

Hadrien s'apprête à protester; son examen commence à 9 heures et il pensait réviser encore un peu avant. Mais il se retient car, depuis l'enterrement d'Albert, tout va bien avec son père. Celui-ci le laisse travailler pour son certificat même s'il n'a plus été question du petit lycée depuis des semaines. Hadrien est content de retrouver un peu de complicité avec lui et il se dit que, peut-être, il réussira à le faire fléchir. Un instant, l'idée de lui parler de la guerre l'effleure, mais il rejette cette possibilité. Simone ne le croit pas vraiment, le maître pas du tout, alors son père! Adrien lui a envoyé une seconde lettre complètement affolée à ce sujet, mais Hadrien ne sait pas quoi faire et cela le terrifie d'imaginer leur village sous les bombes. Mais qu'est-ce qu'il peut faire, lui, un gamin de treize ans? Alors que personne ne veut le croire? Il sait qu'il a jusqu'au 3 août pour trouver une solution. Mais il a tant de choses à faire qu'il repousse toujours la question à plus tard. Au fond, il a envie de croire le maître et Jules plus que son ami du futur… La guerre? Ici? Ça paraît tellement irréel…

Quand la chèvre têtue sort enfin de l'étable, après qu'Hadrien lui a poussé le derrière pendant que son père tirait sur la longe en pestant, ils rentrent prendre leur bol de chicorée ensemble. Ils n'ont rien de spécial à se dire, ils profitent du moment et Hadrien part le cœur content vers son examen.

Dans le bureau du maire, il fait chaud, presque étouffant; les premiers jours de mai ont apporté un soleil bienvenu pour les cultures, mais dur à supporter dans cette pièce sombre, capitonnée de livres. Le maire lui-même a tenu à les accueillir et il glisse à l'oreille d'Hadrien :

— Un jour, tu seras peut-être à cette place…

Cela décontenance Hadrien ; revenir après ses études, développer l'exploitation familiale, voilà son rêve. Devenir maire pour engager leur petit village de Corbeny dans la modernité serait un but incroyable, mais il repense à Adrien et ce rêve s'écroule aussi vite qu'il est né. Rien de tout cela n'existera jamais ; la guerre va tout détruire !

Il opine de la tête, avec un sourire figé tout en pensant, horrifié, que le maire et tous les autres villageois vont perdre leurs champs, leur maison, leur vie peut-être.

Le large bureau du maire est remisé dans un coin et les quatre pupitres sont un peu serrés. Aucun des candidats ne lorgne pourtant sur les autres, ils ont tous conscience de l'enjeu et maître Julien les surveille du coin de l'œil, adossé à la fenêtre avec un roman.

Quand il lève la tête, Hadrien capte son regard attentif, un peu inquiet. Quoique ce ne soit qu'un entraînement, ce sera le seul. La prochaine fois, ce sera pour de bon et leur réussite aujourd'hui sera gage de succès en juin.

La dictée se déroule bien, c'est une lettre aux écoliers d'Alsace, pour dénoncer la domination des Allemands. Hadrien hésite un peu, se demandant s'il doit mettre une majuscule à «Révolution». Le calcul lui semble simple aussi, mais la rédaction le prend de court: «Votre maître vous a dit d'aimer et de respecter les arbres. Pourquoi devons-nous les regarder comme des amis? Quelle est leur utilité?» Leur utilité, il la connaît bien, mais considérer un arbre comme son ami, c'est plus compliqué. Il pense alors à son seul véritable ami, Adrien, et il se l'imagine comme un chêne, une présence rassurante et solide, quoique chahuté par le vent ou les idiots gravant leurs initiales sur son tronc. Adrien reste lui-même, il étend, sans en avoir conscience, son ombre douce et patiente, offrant un sentiment de sérénité qu'Hadrien n'avait jamais connu. Finalement, en posant le point final à sa rédaction, le jeune homme est fier de lui. Il est plein d'entrain pour présenter les épreuves orales de l'après-midi. Il passe en premier. Récitation d'un poème de Baudelaire et leçon d'histoire sur les guerres de Religion, tout passe comme une lettre à la poste. Quand il sort du bureau, les trois autres candidats le regardent avec envie : il a fini et il est soulagé, il peut profiter de son après-midi. Lucien l'ignore avec dédain quand il raconte ses épreuves, n'intervenant que pour se moquer :

— Baudelaire ? Trop facile ! Et les guerres de Religion, pfff, tu as dû raconter n'importe quoi, non ? Toi qui papotes avec ta bonne amie en chuchotant, à l'église, au lieu d'écouter les prêches de monsieur le curé !

— Parce qu'il fait des cours d'histoire ? se moque Hadrien, avant de les planter là pour éviter une nouvelle dispute avec Lucien.

Le garçon a gagné deux bonnes heures de liberté, alors, au lieu de rentrer à la ferme pour travailler, il flâne dans le village, observant l'activité des commerçants. Au café, les vieux papotent en patois, ils râlent, ils se plaignent.

Hadrien repense avec angoisse aux mots d'Adrien : « *Il ne restera plus rien de ta maison, des champs de ton père et de tout le reste.* »

Selon lui, les Allemands vont envahir la région, ils vont occuper Laon et des combats se dérouleront à Corbeny. Tout sera détruit, il n'y aura plus que des ruines, les hommes iront se battre et les femmes, les vieux et les enfants seront obligés de partir, de laisser leurs fermes, leurs animaux.

Maintenant que son certificat est passé, ces horribles pensées lui reviennent en tête. Mais cela n'est pas possible, tout ça ne peut pas juste disparaître ! Niant la réalité, il essaie de se convaincre qu'Adrien a inventé tout cela et, décidé à ne pas ruiner son temps libre en remuant ces tristes pensées, il rend visite à Jules, mais il le trouve trop occupé à ferrer un cheval pour lui parler. Il décide alors d'aller voir Simone. Elle l'accueille fraîchement, sur le pas de la porte, sans lui proposer d'entrer.

— Quand même, tu te rappelles que j'existe ?

— Mais, Simone, je…

— « J'avais mon certificat! » dit-elle en imitant sa voix qui déraille un peu. Cela fait des semaines que tu révises sans venir me voir. Depuis la mort d'Albert, je t'ai vu trois fois!

— Je suis désolé, répond Hadrien, très gêné.

— Tu ne penses qu'à toi! s'exclame Simone, les larmes aux yeux. Tu es aussi égoïste que ton père!

— C'est toi qui m'as dit de me concentrer sur mes études, de ne pas lâcher et d'aller jusqu'au bout! réplique Hadrien, piqué au vif.

— Bien sûr que oui, mais je ne t'ai pas dit de m'abandonner, si?

— Qu'est-ce que vous avez, vous, les filles, à être si compliquées?

— Parce qu'en plus tu parles avec d'autres filles? s'exclame Simone, au bord de la crise de nerfs.

— Mais non! qu'est-ce que tu imagines! Je pensais à Marion, la copine d'Adrien, mon ami du futur.

— Ton ami du futur? Mais tu es fou, Hadrien, complètement fou!

Hadrien est estomaqué, jamais il ne s'est disputé comme ça avec Simone et elle le traite à présent de fou, d'égoïste. Il serre les dents pour empêcher les larmes de venir et il pense fort, si fort à Adrien, à ce qu'il lui a dit quand son ami s'est disputé avec Marion. Il ne peut pas se fâcher avec Simone, pas aujourd'hui! Soudain, Hadrien n'a plus que cela en tête: Simone est en danger, ses parents aussi et rien n'a plus d'importance que cela.

Un long silence enveloppe les deux jeunes gens, comme une écharpe de vent glacé. Simone frissonne et Hadrien lui prend doucement la main, réchauffant une étincelle d'or dans les yeux noirs de son amie.

— Simone, s'il te plaît... dis-moi pourquoi tu m'en veux?

— Parce que..., répond-elle d'une voix triste et douce, tu ne pensais déjà pas beaucoup à moi avec ton certificat. Depuis que tu as Adrien, j'ai l'impression de ne plus compter, tu ne me racontes presque plus rien... Je ne sais pas quoi faire ici, je n'ai plus de père, ma mère dépérit depuis la mort d'Albert et Jules se plonge dans son nouveau travail. Je me sens si seule...

— Excuse-moi, ma Simone. Adrien est devenu très important dans ma vie, c'est vrai. C'est un ami fidèle et généreux. Mais tu n'as pas à être jalouse : il m'a permis de comprendre que tu es bien plus que mon amie et…

Hadrien s'agenouille soudain.

— J'aimerais que tu sois ma femme quand nous serons plus grands, j'aimerais ne jamais te quitter et que tu viennes avec moi à Laon. Je t'aime, Simone.

Quand Hadrien rentre chez lui, il a le cœur plus léger et l'impression qu'en fin de compte il trouvera le moyen d'être heureux. Grâce à Adrien.

Il pousse la porte de la maison, décidé à faire de son mieux pour aider son père et le persuader, peut-être, par son attitude exemplaire d'aller au petit lycée et d'y emmener sa Simone qui lui a dit oui. Dans la cuisine, sa mère et Lucienne observent Marthe sans dire un mot, consternées. Une toux grasse déchire le silence : la petite est malade.

Mon cher ami,
Je suis très inquiet, car Marthe, ma petite sœur, est malade à son tour. Le

temps presse et j'espère que tu pourras m'aider. Elle présente les mêmes symptômes qu'Albert, le petit frère de Simone, et ma mère a demandé à tante Jeannette de venir nous aider. Elle devrait arriver bientôt. Le docteur est passé ce matin, il a parlé de «pneumonie» et nous a dit qu'il faudrait l'hospitaliser. Le seul moyen est de demander l'aide de mon grand-père, ce que je vais faire, mais il est reparti à Paris et j'imagine qu'il ne pourra pas venir avant une semaine ou dix jours.

Ma mère a demandé l'aide de tante Jeannette, mais celle-ci dit qu'elle ne peut rien faire.

Je sais que toi aussi tu peux m'aider. Pourrais-tu m'envoyer des médicaments du futur ?

Je te remercie déjà, j'espère que cela n'a rien de compliqué. D'après ce que j'ai compris, cela a l'air plutôt simple de se soigner à ton époque. J'aimerais bien voir ça... Les gens vivent-ils plus vieux ? Pour te dire, chez nous, soixante ans, c'est déjà beaucoup. Mais voilà que je me montre curieux alors que je dois poster cette lettre au plus vite,

Je t'embrasse mon ami,
Hadrien

Au moment de sceller l'enveloppe, il a une idée subite. La voilà, la solution pour sauver sa famille : c'est une lettre, une simple lettre !

Il sait maintenant comment sauver tout le monde de la guerre, c'est tellement évident. Il reprend une feuille blanche et commence à écrire :

Grand-papa,
J'espère que tu liras cette lettre au plus vite. Marthe est gravement malade, elle risque de perdre la vie si on ne la soigne pas à l'hôpital rapidement. Maman est enceinte et je crains aussi pour sa santé. Nous avons besoin de toi, viens nous chercher, s'il te plaît,

emmène-nous à Paris pour qu'elles soient en sécurité.

Ton petit-fils,
Hadrien

Il sait que la lettre arrivera sûrement trop tard pour qu'il puisse aider Marthe. Mais c'est sûr, dès que Grand-Père l'aura en main, il viendra en personne à la maison et il pourra tous les emmener en lieu sûr. Si Marthe ne meurt pas avant...

Oh, Adrien, pense-t-il, *j'ai vraiment besoin de ton aide!*

Hadrien finit ses lettres et laisse son regard planer sur la cuisine. C'est tellement silencieux sans le babillage et les jeux de Marthe. Pour l'instant, maman l'a allongée sur la banquette près du feu, pour qu'elle n'ait pas froid. La nuit, elle va dans le lit d'Hadrien, il le lui a laissé parce qu'il est plus confortable et il dort sur une natte, près d'elle. En fait, il ne dort plus vraiment depuis deux nuits. Il l'écoute respirer difficilement. Il a peur. Peur de la mort, peur de la guerre. Il faudra qu'il trouve le moyen d'emmener Simone avec eux, il ne pourra pas la laisser derrière lui…

Soldats sur le champ de bataille

Chapitre 19

1er juin 2014

ADRIEN TOURNE EN ROND DANS SA CHAMBRE comme un ours en cage. Après Albert qui en est mort, Marthe a une pneumonie à son tour et ça le rend fou.

Il n'a jamais vu cette petite fille... mais en tendant l'oreille, il entend sa propre petite sœur, Éloïse, en train de jouer dans sa chambre. Elle s'est bien remise de sa scarlatine, mais qu'est-ce qui serait arrivé si elle n'avait pas eu ces médicaments ? Si les antibiotiques n'avaient même pas *existé* ?

Il a regardé sur Wikipédia «pneumonie» et «pneumopathie», et ça ne l'a pas rassuré du tout. Marthe peut mourir en une semaine si elle n'est pas soignée. La lettre d'Hadrien date d'hier et elle était déjà malade. Combien de temps est-ce qu'il lui reste à vivre ? Le traitement de base, ce sont les antibiotiques classiques, l'amoxicilline ou l'Augmentin : pendant son enfance, sa mère lui en a fait avaler des quantités au moindre rhume. Il se souvient que ça a un goût de banane. Ou alors il confond avec un autre ?

Son téléphone vibre dans sa poche. C'est un texto de Sarah.

Ça va mieux ? Tu veux que je passe chez toi ?

Il répond du tac au tac :

Ça irait mieux si tu avais trente doses d'Augmentin sous la main.

Réponse de Sarah :

L'antibiotique ? Pourquoi, tu es malade ?

Il pianote en deux secondes :

Moi non, mais la sœur d'Hadrien, oui. Elle va peut-être mourir.

Il attend un moment une réponse, en vain. Sarah a dû couper son portable. Pour la quatrième fois depuis qu'il a trouvé la lettre d'Hadrien, il va dans la salle de bains, ouvre l'armoire à pharmacie et balance toutes les boîtes dans le lavabo pour faire le tri : Biafine, aspirine, Spasfon… Il y a toute une collection de Doliprane : enfant, adulte, comprimés, effervescent… Il trouve un antiseptique périmé, des pansements, un vieux tube d'arnica contre les bleus et même une bande Velcro et du sparadrap. Il vérifie encore et encore, mais ne trouve rien d'autre. Après la scarlatine d'Éloïse, maman a dû jeter les antibiotiques qui restaient.

« Driiiing ! » fait la sonnette en bas.

Maman est dans le jardin et c'est sa petite sœur qui se précipite pour ouvrir.

—Adrien ! crie-t-elle d'en bas. C'est une fille pour toi !

Marion, peut-être ? Son cœur se met à battre plus fort. Éloïse grimpe les marches quatre à quatre et passe en trombe près de lui.

—Elle est jolie ! C'est ta nouvelle amoureuse ?

Fausse alerte ; si c'était Marion, Éloïse l'aurait reconnue.

—Je n'ai pas d'amoureuse, dit-il avec un sourire triste.

Il descend l'escalier et se retrouve devant Sarah en baskets et survêtement. Elle est un peu essoufflée et ses cheveux roux sont en pagaille, comme d'habitude.

—Je faisais mon jogging dans le coin, alors... Sarah ! Ça, c'est une amie !

—C'est super gentil d'être passé ! Tu fais du jogging, toi ?

Elle éclate de rire.

—À peu près une fois tous les six mois ! Je suis bien contente que tu m'aies donné une occasion d'y couper ! Au fait, je suis aussi passée prendre quelqu'un qui voulait de tes nouvelles.

Derrière Sarah, quelqu'un s'avance à son tour. C'est Marion. Ses cheveux bouclés, son petit grain de beauté, ses yeux noisette... l'espace d'une seconde, le monde s'arrête.

—Qu'est-ce que tu as, Adrien ? dit Sarah. Tu es tout pâle !

—Alors, fait Marion, il t'a répondu finalement, ton ami de 1914 ?

Adrien lui jette un regard méfiant.

—Pourquoi? Tu y crois maintenant, à Hadrien? Tu disais que c'était juste de vieilles lettres retrouvées par hasard! Tu disais que je m'étais fait des idées!

Elle hausse les épaules.

—Je ne sais plus, Adrien. Je sais juste que c'est important pour toi et au fond, c'est tout ce qui compte, non? Montre-moi cette lettre.

Adrien la lui tend.

—Sa petite sœur a une pneumonie, dit-il.

—Oh, la pauvre! fait Marion, un peu embarrassée.

—Tu comprends ce que ça veut dire, pour eux? Dans son village, un autre enfant vient d'en mourir! Ils n'ont pas de médicaments, pas d'hôpital! Je pourrais encore la sauver si seulement je lui envoyais tout de suite des antibiotiques par la poste.

—Et alors? dit Sarah. Fais-le!

—Je ne peux pas! Ce sont des médicaments sous ordonnance, on ne peut pas en acheter comme ça!

Pendant que Marion lit la lettre, Sarah réfléchit et dit:

—Je sais! Je vais dire à mon père que je suis malade. Je vais jouer une belle petite comédie au docteur et il me prescrira des antibiotiques.

— Merci, mais ça ne peut pas marcher. D'abord ça prendrait trop de temps : Marthe peut mourir très vite. Il faut qu'on les envoie tout de suite. Et puis elle a besoin d'un traitement lourd, de dix jours au moins.

— Ah ouais, répond Sarah en fronçant les sourcils. Ça se corse.

— On pourrait peut-être aller voir le pharmacien, tout simplement, dit Adrien, et lui demander gentiment ?

— Lui demander quoi ? répond Marion. De te donner trois boîtes de médicaments pour les envoyer à une gamine de 1914 ? Il te prendrait pour un fou… Non, je sais ce qu'on va faire.

Elle regarde sa montre.

— On a encore une demi-heure avant la fermeture des pharmacies, ce soir. Venez, tous les deux !

— Adrien ! crie Éloïse en haut de l'escalier. Tu t'en vas ?

— Dis à maman que je serai rentré pour le dîner !

— Elle est trop chou, ta petite sœur, fait Marion. Elle sourit et elle ajoute :

— Elle te fait penser à Marthe, je parie…

—Tout le temps, depuis que j'ai lu la lettre, murmure Adrien.

Ils sortent dans la rue et Sarah demande :

—Alors, qu'est-ce qu'on va faire ?

—C'est simple : on va cambrioler une pharmacie ! répond Marion.

—Quoi ? fait Adrien. Tu… tu es sérieuse ?

—Tu vois un autre moyen ? Allez, dépêche-toi ! On n'a pas toute la soirée !

—Génial, Marion ! dit Sarah en riant, et elle ajoute pour Adrien : J'ai bien fait de l'emmener, hein ?

Dans la rue, Sarah n'arrête pas de parler de Tom, d'antibiotiques, du collège et de mille autres choses pendant qu'Adrien savoure en silence le bonheur secret d'être au côté de Marion.

—On va à celle de la gare, dit-elle. Là-bas, ils ne nous reconnaîtront pas.

La pharmacie de la gare est déserte, mais sa croix verte clignote encore.

—Maintenant, on va faire un peu de théâtre, tous les trois, dit Marion.

—Je suis prête ! répond Sarah.

—Toi, tu vas jouer le rôle de la malade. Tu fais de l'asthme, non? Alors tu simuleras une crise.

—Qu'est-ce que tu racontes? marmonne Adrien.

—Tu veux sauver Marthe, oui ou non?

—Bien sûr que je veux la sauver!

—Alors écoute un peu. Moi je vais jouer le rôle… de la foldingue!

Comme Adrien et Sarah n'ont pas l'air de comprendre, Marion s'explique:

—Je vais courir derrière le comptoir, je vais crier très fort, renverser des boîtes et mettre le bazar.

Adrien ouvre grand la bouche.

—Toi? Tu ferais ça pour moi?

—Évidemment, tu es mon meilleur ami!

Et elle ajoute avant qu'il n'ait eu le temps de protester:

—Toi, pendant ce temps, tu vas jouer le rôle du cambrioleur et tu vas récupérer le médicament derrière le comptoir en profitant de la pagaille.

—Pardon, mais ça ne marchera jamais, ton plan! fait-il en secouant la tête.

—Moi je pense que si, dit Sarah avec un sourire. J'ai une suggestion à faire: la foldingue, c'est un rôle pour moi, pas pour Marion! Toi, tu vas simuler la crise d'asthme. Tu verras, c'est facile.

Elle pousse Marion dans la pharmacie par la porte ouverte. D'abord surprise, celle-ci se met à tituber et à pousser des râles affreux, puis elle s'écroule par terre en agitant les bras. Aussitôt, un vieux monsieur en blouse blanche accourt vers elle.

— Crise d'asthme! murmure Marion en simulant l'étouffement à la perfection. Il me faut… de la Ventoline!

Mais alors que le pharmacien se précipite derrière son comptoir, Sarah entre à son tour, passe devant lui et se met à hurler en faisant des bonds de kangourou. Elle renverse les bocaux, les dentifrices, les shampoings et les boîtes de toutes les couleurs.

— Mais qu'est-ce que tu fabriques, toi? s'écrie-t-il, stupéfait. Déguerpis ou j'appelle la police!

Il essaie de l'attraper, mais Sarah est vive comme une anguille et lui échappe facilement. Pendant ce temps, Adrien est resté bouche bée sur le pas de la porte, jusqu'au moment où il reçoit un coup de pied dans le tibia: c'est Marion, au sol, qui attire son attention.

— Qu'est-ce que tu attends ? C'est le moment ! Pense à Marthe !

Marthe ! Il bondit derrière le comptoir sans se faire voir du pharmacien, toujours occupé à courir après Sarah. Puis il passe dans une petite pièce aux murs entièrement couverts de tiroirs classés par lettres et par codes.

C'est immense, il y en a des centaines ! Comment va-t-il s'y retrouver là-dedans ?

Il ouvre et referme des tiroirs au hasard, fouille, cherche des boîtes assez grosses avec des noms en « ine » comme en ont souvent les antibiotiques. Il essaie de comprendre le classement, de voir s'il y a un endroit réservé aux médicaments pour enfant. Mais il a beau monter sur un escabeau pour atteindre les tiroirs les plus hauts, rien ne ressemble à ce qu'il cherche. Ce n'est pas classé par ordre alphabétique, impossible d'y comprendre quoi que soit ! Il essaie désespérément de se souvenir de la couleur et de l'aspect des boîtes d'Augmentin d'Éloïse, mais sa tête et ses idées s'embrouillent…

Un bruit de pas précipités se fait entendre derrière lui et, pour ne pas se faire prendre, il file de nouveau côté boutique, les mains vides.

Une grosse dame apparaît avec une bombe lacrymogène entre les mains et elle ouvre des yeux effarés en constatant les dégâts causés par Sarah.

—Qu'est-ce que c'est que ce bazar? hurle-t-elle d'une voix tonitruante.

Le monsieur est penché sur Marion et lui injecte de la Ventoline dans la bouche, pendant que Sarah continue à crier en courant partout.

—Toi, la folle! dégage ou je t'envoie une giclée de gaz à la figure! dit la dame en brandissant sa bombe lacrymogène.

Sarah disparaît sans demander son reste. *Catastrophe!* se dit Adrien. *J'ai laissé passer ma chance!* Tenant toujours son spray à la main, la dame se met à ramasser les flacons, les boîtes, les tubes…

—Qu'est-ce qui t'a pris! dit-elle à son mari. Tu as laissé cette morveuse saccager notre pharmacie?

Le pharmacien se redresse, rouge de colère.

—Et alors? Une jeune fille fait une crise d'asthme sur le pas de notre porte, que voulais-tu que je fasse?

La dame s'aperçoit soudain de la présence d'Adrien.

—Qu'est-ce que tu veux, toi?

—Je… je voudrais trois boîtes d'Augmentin pour enfant en sachets, s'il vous plaît. C'est pour ma petite sœur, dit-il en maîtrisant ses mains qui tremblent.

—Il va falloir attendre, tu vois bien que je suis occupée!

—Ne bouge pas! dit le vieil homme à sa femme en laissant la Ventoline à Marion. Je m'en occupe. Toi, mets un peu d'ordre dans cette pagaille.

Il file dans la réserve et revient avec les trois boîtes dans un sac en plastique.

—Tiens, voilà tes antibiotiques. As-tu sa carte Vitale sur toi?

Adrien ramasse le sac, laisse un billet de vingt euros au comptoir et tourne les talons.

—Gardez la monnaie! dit-il. Je suis pressé!

—Tu ne lui as pas demandé son ordonnance, espèce d'imbécile! fait la grosse dame dans son dos.

—Hein? Mais je n'ai pas eu le temps!

Il est déjà dans la rue en train de courir quand le vieux passe la porte et lui crie:

—Attends, petit! il me faut ton ordonnance!

Finalement, Adrien avait raison: il suffisait de demander gentiment…

Cinq minutes plus tard, il retrouve Sarah à l'angle de l'avenue, tellement morte de rire qu'elle doit attendre un bon moment avant d'arriver à parler.

—Tu l'as bien choisie, ton amoureuse, elle est incroyable ! Je comprends que tu sois bien accroché !

—Ce n'est pas mon amoureuse.

—Pas encore, dit Sarah. Mais ça se fera, vous allez trop bien ensemble !

Alors, à qui on dit merci ? fait Marion par texto.

Elle est rentrée par un autre chemin pour ne pas éveiller les soupçons. Il répond avec un sourire :

À Sarah, qui va devoir éviter cette pharmacie pendant le restant de ses jours.

Nouveau texto :

Et moi alors ? sale petit ingrat.

Et il lui écrit finalement :

Merci de m'avoir cru, Marion.

Quand il rentre chez lui, il sort les sachets des boîtes de médicaments et les glisse dans une très grande enveloppe à bulles, avec la notice. Puis il inscrit l'adresse d'Hadrien, colle tous les timbres qu'il lui reste et tous ceux qu'il trouve dans le bureau de sa mère ; ça fait comme un mur de Marianne…

Il n'écrit que trois lignes sur la lettre qu'il lui envoie.

Cher Hadrien,
Je t'en supplie, si tu veux sauver la vie de Marthe, donne-lui ce médicament pendant dix jours en suivant exactement la notice.

Ton ami,
Adrien

Chapitre 20

4 juin 1914

DEPUIS DEUX JOURS, HADRIEN EST COMME un lion en cage. Il tourne, commence à trier les dernières patates de l'an passé, abandonne et sort pour aller sarcler autour des nouveaux plants avec rage. Quand il a de la terre plein les cheveux, il délaisse son défrichage et rentre du bois, mais il en fait tomber la moitié, râle et s'agace jusqu'à ce que sa mère lui attrape le bras.

— Hadrien! ça suffit: tu m'énerves, tu énerves ta sœur et tu ne fais rien de bon. Va donc te calmer un peu en allant te promener dans les bois, j'ai besoin de sauge pour faire tomber la fièvre de Marthe.

—De la sauge? Mais ça ne sert à rien, maman!

—Et que veux-tu que je fasse d'autre? Les médicaments du docteur sont inutiles. Tante Jeannette est passée ce matin et elle ne sait pas quoi faire non plus.

—Adrien va m'envoyer d'autres médicaments, plus efficaces, affirme Hadrien. Ça ne devrait pas tarder, il a eu ma lettre il y a quatre jours!

—Adrien? Mais tu ne sais même pas qui c'est!

—Si! C'est mon ami!

—Écoute-moi bien: je sais que tu veux aider ta sœur, que ça te rend très triste de la voir comme ça, mais tu as passé l'âge de t'inventer des amis.

—Mais… maman, tu as vu les lettres!

—Oui, et je ne comprends pas qui est ce garçon. Mais une chose est sûre, ce n'est pas ton cousin et je ne supporte plus de te voir tourner en rond en attendant ce satané facteur! Va te promener, ou va réviser dans ta chambre, fais ce que tu veux, mais que je ne te voie plus ici avant midi.

Hadrien sait bien qu'il est inutile d'insister. Il prend donc un panier et décide d'aller chercher

Simone pour qu'elle l'aide à trouver de la sauge car il a toujours peur de se tromper de plante ; il veut surtout lui permettre de sortir un peu de chez elle. Il fait un détour pour passer voir Jules chez le maréchal-ferrant.

—Tu vas voir Simone ? Elle est à la maison.

—Oui, tu veux venir ?

—Non, j'ai encore du travail. Emmène-la se promener, elle se crève à la tâche.

—Mais comment veux-tu qu'elle fasse ? réplique Hadrien. Ta mère ne fait plus rien et tu n'es jamais là !

—Ma tante a proposé de prendre maman avec elle, dans leur ferme de Meaux. C'est Simone qui refuse, elle croit encore pouvoir changer les choses. Mais ma mère est devenue folle depuis qu'Albert est parti, voilà tout. Elle était déjà fragile depuis le décès de mon père et, là, ça l'a… je sais pas… ça l'a détruite à l'intérieur, tu vois ce que je veux dire ?

—Oui, je crois.

—C'est pour ça que je me concentre sur mon travail, je sais qu'il n'y a pas grand-chose à faire et qu'elle serait mieux avec sa grande sœur, conclut Jules d'une voix ferme.

— Et Simone?

— Bah, fais pas le cachottier, je sais que tu lui as proposé de venir à la ville avec toi. Je trouve ça très bien. T'as plus qu'à la persuader, a ajouté Jules avec un clin d'œil.

Hadrien ne dit rien, il n'a pas le cœur à plaisanter. En écoutant Jules, il tourne encore et encore les mots d'Adrien dans sa tête.

D'après ce qu'il lui a dit, aucun village du secteur ne sera à l'abri, la mère de Simone sera autant en danger à Craonne qu'ici. Et Jules aussi... et tous les autres! Il sait qu'il ne peut pas faire déménager tout le monde en expliquant qu'un garçon du futur lui a parlé d'une guerre qui n'a pas encore eu lieu. Il aimerait bien pourtant, mais comment? Alors il s'attache à sa famille et à Simone: sauver Marthe de la maladie en premier lieu. Après, persuader sa famille de partir avec son grand-père.

Plongé dans ses pensées, il frappe chez sa belle. L'atmosphère y est aussi affreuse que chez eux. Malgré la chaleur du mois de juin, il a l'impression d'être glacé jusqu'aux os quand il entre dans leur petite maison ; la mère de Simone pleure du matin au soir, elle ne fait quasiment plus rien d'autre. Depuis qu'Albert est enterré, son état n'a cessé d'empirer.

En le voyant passer la porte, Simone se jette dans ses bras. Hadrien esquisse un sourire.

— Hadrien ! comment va Marthe ?

Le sourire s'efface immédiatement de son visage.

— Mal, elle tousse sans cesse, la fièvre ne tombe pas et elle délire. Exactement comme…

Simone pose un doigt sur ses lèvres.

— Chut… maman va t'entendre, chuchote-t-elle puis, plus fort : Qu'est-ce que tu fais avec ce panier ? Tu vas cueillir des fraises des bois ? Il paraît qu'elles sont mûres !

— Non, je dois aller chercher de la sauge pour Marthe.

— Je viens avec toi !

Vite, ils s'échappent, trouvant dans la présence de l'autre un peu de réconfort.

— Tu veux qu'on aille au bois de la route de Reims, on pourra guetter le facteur !

—Alors c'est vrai? dit-il pendant qu'ils marchent vers le bois. Tu me crois quand je te parle d'Adrien?

—Si tu y crois, j'y crois, répond-elle en glissant sa main dans la sienne.

Il a soudain envie de l'embrasser.

—Quand j'en ai parlé au maître et à maman, murmure-t-il, ils m'ont pris pour un fou.

—T'es bêta, ce sont des adultes de la ville, ils pensent tout savoir, mais ils ont oublié qu'on peut pas tout expliquer. Moi, je pense qu'il doit bien y avoir un peu de magie dans ce monde alors pourquoi il n'existerait pas, ce cousin du siècle prochain, hein?

—Tu sais ce qu'il a dit à propos de cette guerre qui arrivera bientôt, poursuit Hadrien. Pour sauver ma famille, j'ai fait ce qu'il faut: j'ai demandé à Grand-Père d'emmener tout le monde à Paris pour finir de soigner Marthe.

—Et mettre ta mère et son bébé à l'abri!

—Oui, mais avant ça j'espère bien avoir les médicaments d'Adrien, parce que ma sœur ne tiendra pas dix jours de plus. Mais ce qui m'inquiète encore, c'est toi: il faudra bien que tu partes toi aussi, tu ne peux pas rester à Corbeny! Laisse donc ta mère partir chez sa sœur et prends un train pour Paris!

—Et comment je paierai le billet? Et j'irai où, à Paris?

—Je ne sais pas du tout, admet Hadrien. Mais je vais trouver une solution. Promets-moi que tu partiras quand j'aurai trouvé.

—D'accord, Hadrien. Puisque tu pars, je te suivrai. Mais laisse-moi juste encore quelques jours avec maman, ce seront peut-être les derniers moments que je vivrai au village.

—Nous reviendrons ici, tu sais, après la guerre.

—Tu dis que tout va être détruit!

—Mais nous reconstruirons.

Plein d'espoir, ils abandonnent vite la cueillette des minuscules fraises, arrachent quelques feuilles de sauge et se postent sur le muret, au bord de l'ancienne route romaine, pour attendre le facteur. Enfin il arrive et il est tout étonné de voir les deux jeunes gens qui le guettent.

—Ben alors les amoureux, qu'est-ce que vous faites là?

—Vous avez un paquet pour moi, m'sieur?

— Tout juste, Auguste, et il m'a bien intrigué. Je t'assure que je ne l'avais pas quand j'ai fait le tri ce matin et v'là qu'en cherchant un autre colis je tombe dessus. C'est pas croyable!

Hadrien s'impatiente tandis que le facteur déblatère, farfouillant dans les besaces de sa bicyclette.

— Ah, le v'là donc! dit-il en lui tendant un petit paquet. Tiens, bonhomme, ça me fera ça de moins à porter sur l'vélo! Allez, les tourtereaux, à béto!

Après avoir serré Simone dans ses bras, Hadrien rentre chez lui ventre à terre, et s'arrête net juste avant la maison pour ouvrir le paquet et la lettre qu'il contient : il lit la missive d'Adrien et la notice dans son ensemble. Il ne comprend pas bien ce que signifie cette liste d'effets indésirables, mais retient la posologie. Diluer le contenu d'un sachet, trois fois par jour, pendant dix jours. Même pas besoin de prévenir sa mère, il n'aura qu'à lui donner à boire lui-même.

— Maman ! claironne-t-il en entrant, j'ai la sauge !

— Hadrien, tu es en retard ! lui répond son père, la mine sombre.

— Je suis désolé, p'pa, je…

— Allez, on passe à table dans cinq minutes, intervient la mère.

Hadrien se dépêche de servir un verre d'eau à Marthe dans lequel il dilue le premier sachet, discrètement. La petite ne fait aucune difficulté pour boire : elle est si faible qu'il suffit de la lui verser dans la bouche, doucement.

Hadrien poursuit le traitement avant chaque repas jusqu'au lendemain soir sans que rien ne semble évoluer.

Le lendemain matin, quand Hadrien se réveille, le silence règne. Marthe ne tousse plus. Il saute sur ses pieds et se précipite au chevet de sa petite sœur. Et s'il l'avait tué avec ces médicaments du futur ? S'ils n'étaient pas adaptés pour leur époque ? ou s'ils s'étaient abîmés pendant le voyage? Mais la petite respire, elle respire normalement! La fièvre est plus faible, ses joues sont moins rouges et ses petits cheveux ne sont plus collés par la sueur sur son front. Elle commence à guérir!

—Hadrien? j'ai soif..., murmure la petite fille.

—Oui, oui, bien sûr, je vais te chercher de l'eau!

Hadrien saute de joie et entre comme une furie dans la cuisine.

—Marthe va mieux! Ça a marché!

Son père est là, il le regarde, éberlué.

—Qu'est-ce qui a marché? Qu'as-tu fait? crie-t-il en se précipitant vers la chambre de Marthe, à l'étage, suivi par sa femme et Lucienne.

—Je... je l'ai soignée, dit Hadrien, encore ébahi de la réussite du traitement.

—C'est vrai! Elle guérit! s'écrie le père, qui a redescendu les marches quatre à quatre.

—C'est grâce à Adrien! s'exclame Hadrien.

—Qu'est-ce qu'il a à voir là-dedans?

—Il m'a dit comment la soigner, il m'a envoyé des médicaments! C'est une poudre avec un drôle de goût. Je lui en ai donné, matin et soir, et voilà… elle est guérie !

— Hadrien, tu as sauvé ta sœur ! s'écrie le père.

Il saisit son fils dans ses bras et le serre de toutes ses forces. Hadrien n'en revient pas. De la guérison de Marthe, de la joie de son père, de son accès de tendresse.

Et comme un bonheur n'arrive jamais seul, d'autres surprises l'attendent : à l'école, le maître a les résultats du certificat blanc. Après un petit discours sur le certificat et l'importance des études, le maître leur distribue enfin leurs nombreuses copies.

— Tu as eu combien ? lui demande Jules.

— Attends…, répond Hadrien en calculant frénétiquement le total. Je… je l'ai eu !

— Et avec les honneurs, souligne le maître, qui s'amuse de les voir calculer à toute vitesse. Hadrien, si vous faites aussi bien dans trois semaines, vous obtiendrez votre bourse !

Il ne lui manquera plus que l'assentiment de son père. Il se dit que tout est possible. Même Lucien paradant avec son demi-point de plus n'entame pas sa bonne humeur. Il se sent une âme de conquérant et rentre à fond de train chez lui pour annoncer la bonne nouvelle. Une voiture est devant la maison. Il entre, toute la famille est réunie, même Marthe, assise sur les genoux de leur invité.

— Grand-Papa !

— Bonjour Hadrien !

— Ah, enfin, te voilà !

— C'est une façon d'accueillir ton grand-père ? demande sa mère, gênée.

— Excuse-moi, c'est que… j'ai une bonne nouvelle pour vous !

— Marthe va mieux, oui, dit son grand-père, et d'après ton père tu y serais pour quelque chose.

— Non, oui, enfin, c'est autre chose : j'ai réussi mon certificat blanc !

— Oh ! bravo mon chéri !

— C'est excellent, ça, confirme le grand-père.

Hadrien observe son père qui reste silencieux. Il semble serrer les dents, il a le regard sombre des mauvais jours.

—J'ai eu de très bonnes notes : j'aurai la bourse si je fais de même pour le vrai certificat !

—Justement, intervient alors son grand-père, tu passeras ton certificat à Paris. Je suis venu vous chercher, ta mère, tes sœurs et toi.

—Et papa ?

Un ange passe dans la petite cuisine. Les enfants observent les adultes, qui évitent de se regarder les uns les autres.

—Je reste ici, répond le père. Les bêtes vont pas se nourrir toutes seules.

—Je vous ai proposé d'embaucher un autre métayer, vous pourriez venir avec nous. La situation internationale me préoccupe. Les dernières élections n'ont rien changé à la politique du gouvernement, qui arme la France et augmente les impôts pour financer la guerre.

—C'est chez moi ici, je suis né là, je quitterai pas cette maison. Prenez ma femme et mes enfants si vous voulez, mais vous ne me prendrez pas ça.

La mère d'Hadrien baisse la tête, de grosses larmes coulent sur ses joues. Le grand-père n'ajoute rien. Marthe ouvre de grands yeux, Lucienne semble perdue, elle se colle à sa mère.

Quitter Corbeny, là, tout de suite ? Et Simone ? Et… son père ? Hadrien n'avait pas prévu ça.

Il prend une grande inspiration, il se lève et dit d'une voix assurée :

— Partez sans moi, prenez Simone à la place, elle veut apprendre la couture à la ville.

— Qui est cette Simone ? demande son grand-père, stupéfait.

— C'est ma fiancée, dit-il fièrement. Je t'en supplie, trouve-lui une place quelque part à Paris, elle veut apprendre la couture.

— La fiancée de mon petit-fils…, murmure son grand-père d'un air ravi.

Puis il se rembrunit et demande :

— Et toi, Hadrien ?

— Je vais rester avec papa. Je veux passer mon certificat ici et faire la moisson, je vous rejoindrai fin juillet avant que…

— Avant quoi ? s'exclame sa mère tandis qu'un sourire se dessine sur le visage de son père.

— Avant le mois d'août, ajoute Hadrien, en se promettant pour lui-même d'emmener son père.

Affiche d'ordre de mobilisation générale

Chapitre 21

Adrien a encore la tête pleine de la visite de la Caverne du Dragon : les galeries aménagées par les soldats allemands, les uniformes en vitrine, les photos du champ de bataille… Il a même vu des images de Corbeny après la guerre. Le car sur le parking est toujours là, mais le chauffeur se fait attendre et pas mal d'élèves se sont dispersés.

Tom est absent aujourd'hui, il s'est cassé une jambe en jouant au foot. Du coup, Adrien est avec Sarah.

— Si on allait dans le bois, derrière le musée ? dit-elle. On pourrait peut-être retrouver les ouvertures des galeries allemandes qu'on a visitées ?

— Je ne sais pas, répond-il, c'est autorisé ?

Elle hausse les épaules.

— Regarde, il y a plein d'élèves qui y sont déjà.

Elle s'avance vers le bois et il lui emboîte le pas. Ils descendent une pente : c'est la fameuse crête où les Allemands avaient pris position pour tirer sur les Français qui montaient à l'assaut.

— Tu te rends compte qu'on marche là où des milliers de gens sont morts ?

— Ouais, répond Adrien. Ici, c'était un vrai champ d'obus.

Ils croisent d'autres élèves : des amoureux qui se bécotent derrière les arbres et même Willy qui cherche des munitions abandonnées, comme si on en trouvait encore facilement un siècle après la guerre… Il a été exclu trois jours du collège après l'incident de l'autre jour, mais ça ne lui a rien appris du tout.

Et puis Adrien la voit tout à coup dressée devant eux : Marion se tient là, debout, qui l'attend. Leurs deux classes font la sortie pédagogique ensemble, mais Adrien l'a évitée dans le car.

—Je vous laisse, dit Sarah.

Et elle chuchote à Adrien :

—Elle va te demander de sortir avec elle !

Puis elle file devant eux.

—Je crois qu'on devrait parler, tous les deux, dit Marion avec un sourire.

Parler, parler ! Pourquoi les filles veulent-elles toujours parler ?

—Je voudrais que tu rencontres Franck.

Il soupire et regarde ses chaussures. Évidemment, elle est toujours avec son Franck. Pendant une seconde, il avait presque cru que le cauchemar était fini...

—Tu ne lui as jamais adressé la parole ! proteste-t-elle. Je... je ne m'entends pas bien avec ses amis et je voudrais lui présenter les miens. Seulement, toi, tu l'évites à chaque fois, tu refuses de...

—D'accord, dit soudain Adrien.

Si elle a besoin de lui, alors il sera là. Et puis, après ce qu'elle a fait à la pharmacie, il lui doit bien ça.

—Quand tu veux.

C'est à ce moment-là qu'il entend Willy et ses deux copains qui remontent la pente en courant et en gloussant.

—Salut Adrien! fait-il. La bise à ta copine rouquine!

Et il éclate de rire avant de disparaître.

—Qu'est-ce qu'il a voulu dire? demande Adrien. Il parle de Sarah?

—Ne change pas de sujet! fait Marion.

—Attends, c'est bizarre…

Il se met à courir dans la direction d'où venaient Willy et ses copains, Marion à ses trousses.

—Tu m'écoutes, Adrien?

Il débouche sur un chemin caillouteux où deux gros engins de chantier sont à l'arrêt devant un tas de terre. Les ouvriers sont partis. Il met ses mains en porte-voix et appelle autour de lui:

—Sarah! Sarah!

—Tu crois qu'ils lui ont fait quelque chose? demande Marion.

«Au secours!» fait une voix étouffée.

Adrien s'approche et, à ses pieds, il aperçoit une sorte de plaque d'égout en fonte.

—Sarah? C'est toi?

—Adrien! S'il te plaît, sors-moi de là! Ils m'ont poussée dans un trou et ils ont refermé derrière moi! Je n'arrive pas à soulever la plaque, c'est trop lourd.

—Ah, les petits cons! fait Marion.

—Je vais tirer la plaque vers moi, dit-il à Sarah.

Il cherche une prise pour la soulever. Normalement, il y a un trou au milieu pour y glisser les doigts, mais il s'aperçoit que Willy a fait exprès de coincer un caillou dedans.

—Marion, dit Adrien, va prévenir les profs! Moi je reste avec Sarah, je vais essayer de la tirer de là.

Marion court vers le musée.

—Alors? Tu y arrives? Je crois que je vais avoir une crise d'asthme, fait Sarah.

Il essaie d'ôter le caillou, mais il est complètement coincé.

—Je ne peux pas ouvrir! Tu as ta Ventoline?

La plaque est trop lourde pour pouvoir la tirer à lui sans une bonne prise. Il ramasse un autre caillou pour déloger celui de Willy: après tout, en cognant très fort, ça devrait le faire partir.

C'est à ce moment-là qu'il entend Sarah tousser.

—J'ai les yeux qui piquent.

Adrien se fige sur place.

—Tu… tu es enrhumée ?

—Non, pourtant, c'est bizarre.

—Tu tousses et tu as les yeux qui piquent ?

—Oui, ça pue ici.

—Qu'est-ce que ça sent ?

—Je ne sais pas… Le moisi, je dirais.

—Une odeur de foin coupé ?

—Ouais, exactement ! Coupé et moisi. Tu la sens aussi ?

Un frisson lui remonte l'échine. Le phosgène est un gaz de combat qui a une odeur de foin coupé. Les premiers symptômes chez l'homme sont une irritation de la gorge et des yeux. C'était l'arme chimique la plus utilisée par les deux armées pendant la guerre, on en retrouve des obus tous les ans sur les anciennes zones de combat. Est-ce que c'est possible ? Est-ce qu'il n'est pas en train de se monter la tête pour rien ?

—Sarah ! écoute-moi bien, c'est très important ! Tu as de la lumière avec toi ?

—Oui, avec mon Smartphone, j'ai une application lampe de poche.

—Décris-moi précisément l'endroit où tu es!

—Mes yeux me font mal, mais je vais essayer… C'est une grosse canalisation en béton, assez grande pour que je me tienne penchée. Il n'y a pas d'odeur d'égout, je pense qu'elle sert à drainer les eaux de pluie. Mais elle est cassée de partout et remplie de terre.

Adrien jette un regard aux deux machines de chantier juste à côté. Elles ont dû remuer la terre, peut-être que c'était un chantier pour déterrer une canalisation abîmée ou la remplacer…

—C'est tout ce que tu vois? Regarde bien partout.

—Oh, dis donc, il y a un drôle de truc tout rouillé dans la terre.

—Ne le touche pas, surtout! hurle Adrien. C'est en métal? Genre trente ou quarante centimètres de long? Pointu au bout? Couvert de terre?

—Oh non! Tu… tu crois que ça pourrait être un vrai obus de la guerre de 14?

Adrien sent la panique lui monter à la tête. Plus question de taper à grands coups de caillou sur la plaque : si c'est bien un obus, le moindre choc peut le faire exploser.

Marion revient en courant avec la prof d'histoire-géo.

— N'approchez pas ! crie Adrien en faisant de grands gestes avec les bras. Sarah dit qu'il y a peut-être un ancien obus à l'intérieur !

— Oh, mon Dieu ! s'écrie la prof.

Elle est toute rouge et tout essoufflée, son chemisier sort de son pantalon.

— Ne reste pas là, Adrien ! dit-elle. Il faut évacuer le bois, je vais appeler les secours !

Mais Adrien ne bouge pas d'un pouce.

— Il y a autre chose, madame…

— Adrien ! hurle Marion. Fais ce que dit ta prof ! Mets-toi en sécurité !

— Sarah m'a décrit les premiers symptômes d'un empoisonnement au phosgène !

— Quoi ? fait Sarah dans le collecteur. C'est quoi le phosgène ?

Et elle se remet à tousser.

— Ne dis pas de bêtises ! dit la prof, complètement paniquée. Tu t'es mis des idées en tête avec tes histoires, viens ici et laisse faire les gendarmes !

—J'espère que je me trompe, madame, mais je ne crois pas. Je connais par cœur tout ce qui touche à la Première Guerre mondiale, et vous le savez !

La prof acquiesce lentement de la tête.

—Oui, Adrien, je le sais.

Elle se souvient sûrement de sa démonstration au tableau, de sa carte de France et de tous les détails qu'il a donnés.

—Je pense que je peux aider Sarah.

—Je ne peux pas te laisser faire ça !

—Si je ne reste pas là, elle peut mourir.

La prof lui dit finalement :

—Dès que j'en ai fini avec les autres, je reviens et je te tire de là.

Elle emmène Marion et sort son téléphone de son sac.

—Sarah ! dit-il, tu es toujours là ?

—Évidemment, où veux-tu que je sois ?

—J'ai une mauvaise nouvelle.

—Quoi ? C'était sérieux, cette histoire d'empoisonnement ?

—Je crois que c'est peut-être un obus chimique et qu'un peu de gaz s'en échappe. La prof a appelé les secours mais, en attendant, voilà exactement ce que tu vas faire…

—Du gaz? Tu veux dire du gaz de combat? Mais alors, je vais mourir?

—Calme-toi! je t'en supplie! crie-t-il. Je me trompe sûrement, hein. Mais on va quand même faire comme si j'avais raison, juste au cas où, d'accord Sarah? Je peux t'aider, seulement il faut que tu te calmes.

—OK! OK! Je suis… je suis calme.

Adrien prend une grande respiration pour lutter contre la panique et dit:

—Le phosgène n'est mortel qu'à haute dose. À petite dose, on peut en réchapper.

—Mais on reste handicapé toute sa vie, hein? Dis-moi la vérité, Adrien! crie-t-elle d'une voix aiguë.

Évidemment: fibrose pulmonaire, maladies respiratoires chroniques… Comme elle fait déjà de l'asthme, elle pourrait finir le reste de sa vie en fauteuil roulant, avec un masque et une bouteille d'oxygène dans le dos.

Ne pas s'affoler, se dit-il. *Réfléchir calmement. Essayer d'être rationnel. Sarah est là-dessous et je dois l'aider.*

—Si on en respire seulement un tout petit peu, répond-il finalement, il n'y a pas de séquelles définitives.

Ça, il sait que c'est vrai. Tout dépend de la dose absorbée.

—Bon. Alors, qu'est-ce que je dois faire? demande Sarah avec une note d'espoir dans la voix.

Adrien avale sa salive. La trouille lui fait trembler les mains, une sueur froide lui coule dans le dos. Mais pour ne pas effrayer Sarah, il se force à poursuivre d'une voix parfaitement calme, en parlant lentement et en détachant bien les mots:

—D'abord, tu vas essayer de t'agiter le moins possible, pour que ton corps ait besoin de consommer moins d'air.

—Ne pas s'agiter. Respirer moins. OK, c'est logique, j'ai compris.

Et ensuite? Il essaie de se rappeler tout ce qu'il a lu sur Internet. Cette saleté de phosgène...

comment peut-on lutter contre ? Quelques astuces lui reviennent en mémoire.

— Ensuite, le gaz est plus lourd que l'air, donc il a tendance à se déposer vers le bas. Alors tu vas retenir ta respiration, t'éloigner le plus possible de l'obus et te remettre à respirer à l'endroit le plus élevé que tu peux trouver.

— D'accord, je vais avancer dans la canalisation ; elle remonte un peu avant de se boucher… Mais tu ne m'entendras plus, toi ?

— Tant pis. Je vais essayer de la suivre, moi aussi, et j'appellerai très fort. Si jamais tu m'entends, tu me réponds. D'accord ?

— D'accord.

Adrien s'avance le long du chemin en supposant que la canalisation suit son tracé sous la terre, et il pousse un cri de joie en trouvant une seconde plaque de fonte sous ses pieds, une dizaine de mètres plus loin.

Il se précipite pour essayer de la soulever, mais elle est très vieille et tout usée, il se rend vite compte qu'avec le temps elle s'est complètement bloquée. Il y a cependant un petit trou au milieu, tout encrassé de terre compacte, et ça lui donne une idée.

—Sarah! hurle-t-il. Tu m'entends?

—Je suis juste là! fait la voix de Sarah sous ses pieds.

Il ferme les yeux et pousse un soupir de soulagement. Elle est toujours vivante!

—Tu vois la trappe en fonte?

—Oui, je suis dessous!

Parfait! Il sort de sa poche la clef de sa maison: c'est le seul objet dur et pointu qu'il a à sa disposition. Puis il l'utilise pour dégager la terre du petit trou, suant et soufflant, s'acharnant en serrant les dents.

—Éteins ton Smartphone et regarde en haut, maintenant! Est-ce que tu vois quelque chose?

Elle ne lui répond pas tout de suite, puis il entend:

—Oui! Je vois un tout petit peu de lumière au-dessus de ma tête!

—C'est un trou! Ferme les yeux et respire par-là, vite! Je reviens dans une minute!

Il fonce dans le bois comme un fou, les yeux rivés au sol, cherchant n'importe quelle tige creuse qui pourrait faire office de tuyau. Il va si vite qu'il ne voit pas Marion qui descend la pente et il lui rentre dedans.

—Eh, attention! dit-elle en se massant le ventre.

—Qu'est-ce que tu fais là! crie-t-il, complètement affolé. C'est super dangereux de rester ici, retourne avec les autres!

—Laisse-moi t'aider! répond Marion. Après, je te promets de partir!

—Jure-le-moi!

—Sur la tête de ma mère, dit-elle. Alors, qu'est-ce que je peux faire?

—Il me faut un bambou, une tige, n'importe quelle plante qui soit creuse pour que Sarah puisse respirer dedans.

Elle sort de son petit sac à dos une minibrique de jus de pomme.

—Je n'ai pas de bambou, mais… j'ai une paille en plastique, dit-elle en l'ôtant de son emballage. Tu crois que ça ferait l'affaire?

—Marion! tu es géniale!

Il lui arrache la paille des mains.

—Maintenant, fiche le camp, tu as juré sur la tête de ta mère!

Il retourne à la vieille plaque de fonte, puis il glisse un bout de la paille dans le trou, tient fermement l'autre bout de la main et crie à Sarah :

—Mets la paille dans ta bouche et respire par là, vite !

Dans ses doigts, la paille en plastique remue un peu, et bientôt il sent un souffle d'air passer à l'intérieur à intervalles réguliers.

—C'est bien ! Impeccable ! Tu te débrouilles comme une star ! Ne parle plus, maîtrise ton souffle et respire uniquement par la paille. Moi, je vais rester là.

Le mouvement d'air s'arrête soudain.

—Mais, si l'obus explose, tu seras tué, toi aussi ! crie Sarah.

—Remets tout de suite cette paille dans ta bouche ! Je t'interdis de la lâcher ! Tu veux mourir empoisonnée ou quoi ?

Quand les gendarmes arrivent avec leurs pieds de biche et leurs masques à gaz, ils trouvent Adrien toujours couché sur la plaque de fonte avec sa paille dans la main.

—Viens, mon garçon, c'est fini, dit un adjudant en lui appliquant un masque sur le visage. On va s'occuper de ta petite amie.

—Ce… ce n'est pas ma petite amie, répond Adrien.

Il se laisse conduire jusqu'au groupe d'élèves, qui l'attend sur le parking. Devant le musée, d'autres gendarmes déroulent une bande jaune pour établir un périmètre de sécurité, il y a aussi une voiture des pompiers et même le SAMU. Tout le monde regarde Adrien avec de grands yeux stupéfaits, il y en a même qui prennent des photos avec leurs téléphones quand il ôte son masque.

—Adrien ! lui crie Marion derrière la bande jaune.

Dès qu'il arrive à sa hauteur, elle se précipite sur lui, ouvre grand ses bras… mais elle s'arrête à un millimètre, avec un air embarrassé.

—Salut, dit-il.

C'est un peu nul, mais c'est tout ce qu'il arrive à dire. Marion a un sourire jusqu'aux oreilles, mais ses joues sont encore couvertes de larmes.

—Tu… tu m'as fichu une de ces trouilles, espèce d'idiot !

Elle lui donne un petit coup de poing dans l'épaule.

—Ne recommence jamais ça!

Alors ses larmes jaillissent de nouveau et, quand deux infirmiers emmènent Adrien, elle détourne la tête.

Cher Hadrien, commence Adrien ce soir-là.

Aujourd'hui, il s'est passé quelque chose d'incroyable et c'est grâce à toi que Sarah est encore en vie...

Il raconte sa journée, puis il lui envoie une documentation détaillée sur la guerre, son déclenchement, son déroulement, les endroits à éviter... et il termine par:

Il ne reste plus très longtemps avant que les Allemands ne déclarent la guerre à la France et n'envahissent la Belgique. J'espère que tu as déjà quitté Corbeny, en fait, j'espère presque que tu es déjà loin et que cette lettre ne t'arrivera jamais.

Je ne sais pas si nous pourrons encore nous écrire un jour mais, si ce n'est pas le cas, je veux que tu saches que tu m'as aidé beaucoup plus que tu ne le crois. Tu as été la chance de ma vie.

Ton ami pour toujours,
Adrien

Chapitre 22

HADRIEN EST SEUL, ATTABLÉ DANS LA CUISINE. Le bourdonnement des mouches remplit la maison. Il épluche des carottes et coupe les premières tomates de la saison. Le jeune homme est chargé de préparer un repas mangeable, ce qui n'est pas le plus simple, lui qui n'a jamais eu accès aux fourneaux quand sa mère était là. Mais les bouillies de son père sont si compactes qu'ils ont décidé tous deux qu'il valait mieux laisser Hadrien faire. Manger à deux dans la grande maison vide est déjà si lugubre! Son regard erre sur la pièce, tout y est ordonné, un peu plus poussiéreux que d'habitude maintenant que sa mère est partie. La présence de cette mère aimante, de ses sœurs, lui manque aussi cruellement que celle de son amie Simone.

C'est aujourd'hui qu'il passe son certificat d'études. Au cours de l'année, il s'est imaginé mille fois cette journée mais, finalement, il s'y rend le cœur lourd. Il sait à présent que, quels que soient les résultats, il n'ira pas au petit lycée, ni à Laon, ni à Paris. Son père n'acceptera jamais de le voir quitter sa terre. Il se lève, avance sur le pas de la porte baigné de soleil et le chat de la maison vient se faufiler entre ses jambes, réclamant une caresse. Tout est paisible, son père est aux champs, sans doute en train d'inspecter le blé en vue de la moisson prochaine.

Ils s'entendent bien tous les deux depuis un mois. Impressionné par la décision de son fils de rester à la ferme avec lui, le père a laissé à Hadrien du temps pour son certificat. Le jeune homme a donné tout le reste de ses journées au travail de la ferme et aucune dispute n'est venue perturber cet accord tacite.

Sur le chemin de la mairie, Hadrien est confiant. Son maître l'accueille à la porte et lui assure que tout va bien se passer. Lucien arrive, flanqué de ses parents, qui n'ont vraiment pas l'air commodes.

—Allez, mon lapin, dit sa mère, tu vas très bien réussir!

—Maman! ne m'appelle pas comme ça! s'exclame Lucien, cramoisi.

—Ne parle pas comme cela à ta mère! intervient le docteur en donnant à son fils une tape derrière la tête. Et rappelle-toi que tu dois arriver premier; sans cela, je te confisque ta bicyclette.

—Oui, papa…, marmonne Lucien, encore plus rouge de honte.

Les autres élèves présents regardent le trio en riant sous cape, mais Hadrien n'a pas envie de se moquer de Lucien, quoiqu'il ait été vraiment un camarade des plus désagréables. L'idée que lui aussi risque d'être emporté dans la tourmente de la guerre lui serre le ventre aussi sûrement que la peur de l'examen. Il a plutôt pitié de lui. Tout se passe bien pour Hadrien, les sujets lui semblent faciles, il connaît toutes les bonnes réponses.

Mais, au beau milieu de l'épreuve, le pauvre Lucien renverse son encrier sur sa feuille d'un geste maladroit, éclate en sanglots et quitte la salle avant même que le maître puisse le rassurer.

Le dimanche matin, Hadrien y repense encore. Il a donné rendez-vous à Jules sur la place devant l'église, à la sortie de la messe. Il met son bel habit, se brosse un peu les cheveux tandis que son père rentre pour faire de même. L'office n'a rien de palpitant, le curé parle de moisson lui aussi, tout le monde n'a que ce mot à la bouche : elles risquent d'arriver tard cette année, sans doute début août, ce qui désespère Hadrien. Il espérait persuader son père de monter à Paris après la récolte mais, le 3 août, il sera trop tard ! Enfin, il peut sortir de l'église et retrouver son ami Jules qui l'attend, assis sur la margelle du puits. Il a grandi et forci depuis qu'il travaille.

— Hadri ! l'interpelle son père. Tante Jeannette a besoin d'un coup de main, j'y vais avant le repas !

Tout en écoutant d'une oreille distraite Jules qui parle de son apprentissage, Hadrien surveille la sortie de l'office ; Lucien n'était pas avec ses parents, sur le banc qu'ils occupent d'habitude, et il souhaite demander de ses nouvelles.

—Tu attends qui ? demande Jules, s'apercevant soudain que son ami n'écoute plus ses histoires de chevaux.

—Les parents de Lucien. J'aimerais bien savoir où il est !

—Cet idiot ? Qu'il aille au diable avec ses manières de m'as-tu-vu ! Pourquoi ça t'intéresse ?

—Il a raté le certificat ! Il est parti au beau milieu des épreuves.

—Oui, j'ai su ça... Tu veux que je te dise ? À mon avis, il voulait embêter son père !

—Et tu en sais plus ?

—Oui, mon patron m'a dit qu'ils l'ont envoyé dans une pension très stricte, loin de Laon.

—Au moins, il sera loin d'ici, déclare Hadrien, soulagé.

Un de plus de sauvé ! Mais aussitôt son cœur se serre à l'idée de laisser Jules.

—Tu sais, si tu veux venir voir Simone en août, on pourrait peut-être demander à mon grand-père pour le train ?

—C'est gentil, répond Jules, un peu décontenancé par cette proposition, mais…

—Quoi ?

—Ben, ça me gêne parce que ta famille a déjà
été très généreuse avec la mienne et, en plus, j'ai
mon apprentissage, je peux pas partir comme ça…

—Fais ce que je te dis, Jules, c'est important !
s'écrie Hadrien, s'énervant. Il faut que tu partes à
Paris !

—Je t'ai dit que je ne pouvais pas, s'agace Jules.

—Ne fais pas ta tête de mule ; si tu ne pars
pas, tu ne reverras peut-être jamais ta sœur !

—Mais qu'est-ce que tu racontes ? s'écrie Jules.
Toi, le certif, ça t'a complètement retourné la tête,
j'ai l'impression !

Et il s'éloigne en jetant à Hadrien un regard
méfiant. Hadrien pousse un grand soupir. Il s'y est
mal pris, comme d'habitude. Après tout, Jules est
malin, avec un peu de chance, il échappera peut-
être aux obus et à la capture par les Allemands…

L'urgence de parler à son père lui serre le ventre
et il se dépêche de rentrer pour finir le repas.

Vers 13 heures, le père arrive avec un grand
sourire, de la sciure de bois plein les cheveux.

— J'ai fini de nettoyer le bois de ta tante et regarde ce qu'elle nous donne pour me remercier ! s'exclame-t-il en brandissant le poing avec un grand sourire.

Tenus par les oreilles, trois lapereaux terrorisés roulent leurs petits yeux noirs comme des billes en glapissant.

— Ta mère sera contente, elle a toujours voulu qu'on ait des lapins ! On va leur faire un clapier avec la vieille auge des vaches ce soir.

— Faut quoi pour les nourrir ?

— Du sainfoin, ça permettra de nettoyer un peu le champ derrière chez la mère de Simone ; depuis qu'elle est partie, ça ne ressemble plus à rien. Ton ami Jules s'en fiche complètement !

— C'est que c'est pas facile pour lui de tout faire à la fois.

— T'as bien réussi à m'aider à la ferme tout en passant ton certif, suffit de pas avoir les deux pieds dans l'même sabot !

Hadrien n'en revient pas d'être ainsi complimenté, c'est comme un trésor, et il se dépêche de servir une écuelle de ragoût à son père pendant que celui-ci se bat avec les petits lapins pour les faire entrer dans le vaisselier.

—Euh… papa, tu fais quoi?

—Ben tu vois bien, non? Je sais pas où les mettre en attendant qu'on ait fait le clapier!

—Et dans ce panier d'osier retourné, regarde…

—T'es pas bête, dis! Je suis sûr que tu l'auras, ton certificat… C'est quand, déjà, la remise du diplôme? demande son père, avec de la fierté dans le regard.

—Mercredi. Tu t'en rappelais pas?

—Tu sais, je m'fais vieux…, répond-il avec malice, tu veux que je vienne?

—Ben oui! Bien sûr!

Soudain, un des lapins s'échappe et ils le poursuivent dans la cuisine tandis que Blanche, la chatte de la maison, feule et crache. Quand ils réussissent enfin à mettre les trois bêtes sous le panier, le ragoût est froid, mais ils le mangent de bon cœur.

—C'est tellement bon qu'j'en mangerais sur la tête d'un pouilleux!

—Dis, papa…

—Oui, mon gars.

—Je… T'as parlé de maman et je me disais que…

—Quoi? Vas-y, tire dedans!

—Ben, j'aimerais bien qu'on aille la voir avant la fin juillet.

—Mais t'es fou ou quoi? On moissonne dans quinze jours, trois semaines au plus!

—Justement, je pensais qu'on pouvait y aller avant, non?

—Mais Hadrien… qui va s'occuper des bêtes? On peut pas y aller tous les deux, qu'est-ce que tu t'es mis dans la tête? Non, c'est pas possible, oublie ça.

Le père s'est renfrogné, les rires du début de repas sont effacés et Hadrien sent bien qu'il n'arrivera pas à ses fins comme ça. Il finit son repas tristement, poussant un morceau de carotte dans le gras figé de la viande. Ce n'est qu'en mettant la dernière main au clapier des lapins, quelques heures plus tard, qu'il voit son père de nouveau détendu. En vivant seul avec lui, Hadrien a commencé à mieux le comprendre : la plupart du temps, il est rude parce qu'il a peur de ne pas bien faire. Il a du mal à trouver les mots. Du coup, il s'énerve et c'est là qu'il devient blessant. Comme un animal qui mord quand il est pris au piège. Maintenant, Hadrien est plus attentif aux petits détails, aux gestes gentils, et il évite de se braquer. L'influence d'Adrien a vraiment eu du bon sur lui! Ce soir, par exemple, il sait qu'il est inutile de reprendre la discussion alors il propose au père d'aller au café.

—C'est dimanche, tu peux prendre un peu de temps : je m'occupe des vaches si tu veux.

Le père hésite un peu, il tourne autour du pot.

—T'oublies pas de leur donner du sel, hein ? Et tu barres la porte de la grange aussi!

—Oui, papa… je sais, t'inquiète pas.

Hadrien est fier quand il le voit prendre un sou dans la petite caisse en fer-blanc cachée près de la cheminée : il l'imagine tout content de payer un coup à boire à ses copains. Ce n'est pas souvent qu'il s'y autorise, ça prouve qu'il est de bonne humeur. Et cette soirée va laisser le temps à Hadrien de réfléchir à une solution pour partir à Paris avec son père. Après avoir nourri, pansé et trait les vaches, il se pose enfin dans la cuisine et sort du papier pour écrire à Adrien.

J'ai bien eu ta dernière lettre, je n'en reviens pas du courage dont tu as fait preuve et, cependant, je ne suis pas tout à fait étonné. Je savais bien que tu tenterais tout pour sauver ton amie. N'est-ce pas ce que tu fais pour moi aussi?

J'espère que Marion saura s'apercevoir de la chance qu'elle a de t'avoir à ses côtés.

Je souhaitais t'écrire plus tôt. À vrai dire, j'ai déchiré mes deux dernières lettres, car je dois t'annoncer que je n'ai toujours pas réussi à convaincre mon père de partir... En fait, je n'ai pas essayé. J'ai honte de te l'avouer, après tout ce que tu as fait pour m'aider: ne pense pas que je doute de toi surtout! Je sais que la guerre est imminente, d'autant que l'attentat dont tu m'avais parlé a eu lieu la semaine dernière. L'archiduc François-Ferdinand et sa femme ont été tués à Sarajevo par un étudiant serbe. Je l'ai lu dans le journal, tout le monde ne parle plus que de ça. Si je relis la chronologie que tu m'as envoyée, il ne me reste plus qu'un mois pour quitter Corbeny.

Mais j'ai peur, vois-tu? Peur de ne pas convaincre mon père, peur de quitter ma maison, peur aussi de ne plus pouvoir communiquer avec toi. Pourtant j'ai reçu hier une lettre de Simone qui m'enjoint de la retrouver au plus vite. Je l'ai persuadée de partir plus tôt que prévu en lui promettant de la retrouver à Paris en juillet. Elle y a trouvé un apprentissage chez les sœurs Callot, des couturières renommées, et mon grand-père lui a proposé une chambre de bonne, dans son immeuble.

J'en profite pour te donner l'adresse de mon grand-père, car j'espère m'y trouver d'ici quelques semaines... Je ne peux pas imaginer que nous nous perdions de vue et, pourtant, j'ai bien peur que cela ne soit inévitable. J'ai aussi des nouvelles à te donner de Marthe : elle est complètement guérie ! Et c'est grâce à toi : elle a pris ses médicaments jusqu'au bout, comme tu l'avais dit, et les docteurs de Paris n'ont même pas eu besoin de l'hospitaliser ! Ma mère m'a dit dans sa dernière lettre qu'elle gambade en riant dans les rues de Paris, poursuivie par la gouvernante que mon grand-père a tenu à embaucher. Mon père a râlé quand il a su ça : "Une gouvernante ! Comme si ta mère savait pas s'occuper de ses enfants !" Mais, au fond, je crois qu'il est tellement content que Marthe soit en bonne santé qu'il ronchonne pour la forme. J'ai essayé de lui parler déjà, mais je ne sais pas quoi lui dire pour le convaincre d'abandonner ses bêtes et ses cultures. C'est vraiment compliqué.

Il pose la plume sur le papier, ses yeux sont brouillés de larmes et il ne peut se résoudre à poursuivre. Il finit par s'endormir sur la table et se réveille le lendemain dans son lit, là où son père l'a porté, comme quand il était petit.

Mais l'occasion de lui parler ne semble jamais devoir venir : il est temps de faire couvrir les vaches et le père va les mener une à une chez un de leurs voisins qui a un taureau. Puis il décide de s'occuper du bois qu'il faut nettoyer. Occupé à ses champs ou aux champs des autres à qui il donne un coup de main, le père part tôt le matin et rentre tard le soir. Finalement, ce n'est que le mercredi qu'ils se retrouvent au petit déjeuner.

—Alors ? C'est le grand jour !

La cérémonie est émouvante : le maire, le maître et la maîtresse de Corbeny, plusieurs instituteurs des environs et un représentant de la Caisse d'épargne les accueillent pour leur remettre le diplôme, des livres et un livret d'épargne à la banque.

Hadrien a réussi ! Il a même la bourse d'études ! Son père est si fier qu'il a les larmes aux yeux, même s'il fronce les sourcils quand le maître lui glisse :

— J'espère que vous changerez d'avis pour la suite, c'est encore possible !

Hadrien est heureux. Quand ils rentrent tous les deux, fiers comme des papes, ils trouvent le facteur devant la maison : il tient une lettre à la main.

— Je vous attendais ! Voilà une lettre de Paris, dit-il, joyeux, avant de remonter en selle pour poursuivre sa tournée.

— Tu veux qu'on la lise tout de suite ? demande Hadrien à son père.

— Ben oui, tiens, on n'va pas attendre la saint-glinglin !

Ils s'attablent pour décacheter l'enveloppe avec un couteau de cuisine. Hadrien reconnaît aussitôt l'écriture de sa mère et commence à lire.

— Maman dit que le bébé bouge beaucoup : le docteur lui a demandé de rester couchée.

— Ah mais… elle va pas l'perdre ?

— Non, mais elle pourra pas rentrer ici. Le docteur dit qu'il n'est pas question de faire la route.

—Ah, fait le père en roulant des yeux inquiets. Elle est pas en danger, dis?

—Je sais pas, papa. Je… je crois qu'on devrait y aller quand même.

—Mais j't'ai dit déjà que…

—Je sais, p'pa, mais là je pense que maman, elle a besoin de nous. Et, en plus de ça, les choses vont mal aller dans le coin.

—Comment ça? Où c'est que t'as vu ça?

—Oui papa, t'as dû entendre au café, ils ont parlé de l'attentat et, hier, les Autrichiens et les Boches, ils se sont mis d'accord pour faire la guerre à la Serbie. Ça va pas s'arrêter là.

—Tu crois ça?

—C'est pas que je le crois; je le *sais*. Il faut que je t'explique quelque chose, mais il faut que tu m'écoutes jusqu'au bout. Le cousin à qui j'écris depuis des mois, il vit en 2014. Il s'appelle Adrien, comme moi. Je sais que ça semble fou, mais je pense que la boîte aux lettres qui est devant chez nous est magique. Elle nous permet d'échanger nos lettres à travers le temps. Je ne sais pas comment ça marche mais, en tout cas, ça fonctionne; c'est lui, Adrien, qui m'a envoyé des médicaments du futur pour soigner Marthe, sinon elle serait morte comme le petit frère de Simone. Et, là, il m'a fait plusieurs courriers pour qu'on quitte Corbeny, parce que la guerre arrive. Il est fou d'inquiétude, il dit que ça va aller très vite et qu'on n'a pas de temps à perdre. Il faut qu'on parte à Paris, c'est plus important que les vaches ou la moisson.

Le père d'Hadrien le regarde, stupéfait, silencieux. Il ouvre la bouche deux fois, comme s'il voulait parler, mais rien ne sort. Et puis il se lève doucement, il pose ses mains sur les épaules d'Hadrien et, avec une voix pleine d'émotion, il dit :

— Je sais pas d'où ça te vient, mon fils, si c'est de Jeannette ou d'ailleurs, mais j'avais déjà compris que c'est toi qui avais sauvé Marthe avec de la magie. Alors je veux bien croire aussi ton histoire de cousin du futur, même si ça semble fou et… Tu es sûr que tout ce qu'il t'a dit est vrai ?

— J'en suis sûr, papa, je peux te lire ses lettres, il m'a prédit tout ce qui allait se passer et ça se réalise : l'attentat, la guerre contre la Serbie. Dans deux semaines, les Boches envahiront la Belgique et après le nord de la France. On doit partir, et vite ; même si tu restes ici, quand les Boches arriveront, ils te prendront les bêtes et la récolte, ils t'obligeront à travailler pour eux ! Et toutes nos terres seront ravagées par les obus !

—Nos terres ? Notre ferme ?

—Tout, je te dis ! Le village entier sera entièrement rasé. La ligne de front restera ici pendant toute la guerre, mais Paris sera épargné.

Le père ouvre de grands yeux.

—Mais ça va durer combien de temps ?

—Quatre ans… jusqu'en novembre 1918.

—Et je risque pas d'être incorporé ? Et toi ?

—Toi, tu peux dire que tu es soutien de famille, surtout avec le bébé qui vient. Et moi j'aurai pas dix-sept ans avant la fin, Adrien m'a dit que je risquais rien.

—Je sais bien ce que tu penses de moi, mon fils : pour toi, je ne suis qu'un paysan illettré, hein ? Seulement, tu vois, il y a bien une chose que je sais, et pour ça j'ai pas besoin de toute l'instruction de ton maître : je sais que tu n'es pas un menteur. Et ton cousin et toi, vous avez sauvé Marthe alors… d'accord. J'aurais tant voulu te léguer cette terre… Mais il est hors de question que je mette mon fils en danger. Si on peut être à l'abri à Paris, alors on part dès que ton grand-père aura envoyé les billets.

Hadrien n'en revient pas et, en même temps, c'est comme si c'était évident : son père a appris à lui faire confiance et c'est ça, une famille. Ils se regardent l'un l'autre un bon moment, un sourire flotte sur leurs lèvres et, finalement, Hadrien prend la main de son père dans la sienne.

— Papa, dit-il d'une voix émue. Tu es bien plus qu'un paysan illettré !

Ils vont aller à Paris et le 1ᵉʳ août, le tocsin sonnera pour annoncer la guerre. Ils ne reviendront pas avant des années. En attendant, Hadrien fera ses études et, quand la guerre sera passée, ils seront là tous les cinq… tous les six, car il y aura la petite Suzanne ! Et alors ils reconstruiront ce qui aura disparu.

Tout ça, grâce à Adrien. Quand il va poster sa dernière lettre dans la boîte aux lettres jaune du cimetière, Hadrien est très ému. Est-ce qu'ils pourront encore s'écrire ? Il lui a laissé l'adresse de Grand-Père mais, au fond de lui, il devine que son ami ne pourra jamais lui répondre là-bas…

Une larme unique coule sur sa joue. Il est sauvé.

Chapitre 23

Tout en marchant vers l'hôpital, Adrien lit et relit la lettre de son ami sans pouvoir s'en lasser. Sarah sera contente d'apprendre ça : Hadrien a quitté Corbeny, il est parti à Paris, il est sauvé ! Oh, c'est vrai, les Parisiens n'ont pas eu la vie facile pendant la Grande Guerre : ils ont reçu des obus, ils manquaient de tout et ils étaient rationnés, mais il n'y a eu que très peu de morts parmi les civils. Est-ce qu'ils pourront encore s'écrire maintenant qu'il n'est plus au village ? Leurs lettres sont un tel mystère… Adrien préfère ne pas y penser pour l'instant et il espère de tout son cœur qu'il aura encore des nouvelles.

Son téléphone vibre, c'est un texto de Sarah.

Alors, tu viens ?

Il consulte sa montre : six heures moins dix. Eh bien quoi ? Il n'est pas en retard, elle lui a donné rendez-vous à six heures !

Adrien ne s'était pas trompé, là-bas, dans la forêt ; il y avait bien un vieil obus au phosgène à moitié enfoui dans la terre, au fond de la canalisation. La sécurité civile l'a très vite confirmé. La mère d'Adrien a failli en faire une syncope… Willy va être renvoyé du collège et ses parents ont été entendus par les gendarmes.

À l'arrivée de Sarah aux urgences, les journalistes l'ont mitraillée de photos et l'histoire de la jeune collégienne «enfermée avec un obus chimique» s'est répandue dans la région comme une traînée de poudre. Elle a été hospitalisée dans une chambre isolée. Son père pleurait sur un fauteuil dans le hall, sa mère tournait en rond. Au début, Sarah semblait aller mieux, mais dès le deuxième jour, elle a commencé à avoir une toux inquiétante et un essoufflement anormal.

Il lui répond sur son téléphone :

Ne fais pas ta princesse ! Laisse-moi le temps

d'arriver !

Si elle lui demande de venir, c'est qu'elle doit aller mieux, logiquement, non ? Adrien est terrifié à l'idée que le gaz ait causé des dommages irréversibles à ses poumons. Dans le hall du service, le père de Sarah se lève en le voyant. Il a l'air fatigué, mais il n'y a plus trace au fond des yeux de cette angoisse terrible des premiers jours.

—Alors ? demande Adrien. Comment est-elle ?

— Les nouvelles sont bonnes. Le médecin pense que la dose de gaz absorbée n'était pas suffisante pour qu'elle en garde des séquelles, même avec son asthme.

Il ressent un immense soulagement et court jusqu'à la porte de la chambre.

—Adrien !

—Oui, monsieur ?

—J'ai demandé à Sarah comment je pouvais te remercier.

—Oh, ce n'est pas la peine.

—Tu plaisantes ou quoi? Tu as risqué ta vie pour ma fille! Si tu n'avais pas été là, elle serait morte ou dans un fauteuil roulant!

Il respire un grand coup et reprend:

—Bien sûr, on ne pourra jamais te remercier à la hauteur de ce que tu as fait. Tom m'a parlé d'une chose qui te serait utile, seulement c'était une demande très étrange.

—Laquelle?

—Il se trouve que je travaille à l'hôpital, tu sais, je suis infirmier. Selon Tom, si je voulais vraiment te rendre service, il fallait que je retrouve le médecin qui avait soigné un garçon du nom de Franck Morin il y a six mois et que je lui demande comment il s'était cassé la jambe.

Franck! le petit ami de Marion! Elle lui avait raconté cette histoire: un camion qui allait écraser un enfant dans la rue, Franck qui s'était précipité pour le sauver… et qui avait récolté une jambe cassée.

—Normalement, un médecin n'a pas le droit de parler de ses patients, mais il m'a donné cet article de journal qu'il avait découpé dans la presse, à l'époque.

Le père de Sarah lui tend un morceau de papier plié en quatre. « UN ADOLESCENT À SCOOTER BLESSE UN ENFANT DE CINQ ANS ». L'article commence par : « Alors qu'il roulait sur le trottoir, un adolescent a percuté un petit garçon qui… »

— Mais…, dit Adrien, ils ne parlent pas du camion !

— Quel camion ? Il était à scooter. L'enfant, heureusement, s'en est sorti avec quelques égratignures et ses parents n'ont pas porté plainte. Franck Morin, lui, a eu la jambe cassée.

Il se gratte la tête.

— Tu y comprends quelque chose, toi ? Est-ce que cela t'est utile ?

Adrien éclate de rire.

— Évidemment ! Merci beaucoup, monsieur !

Ce qu'il comprend, c'est que Franck est un sale menteur, et Tom devait s'en douter ! Il se précipite dans la chambre de Sarah pour lui en parler. Quand il ouvre la porte, il a un pincement au cœur en la voyant : elle est allongée sur son lit, une perfusion au bras et un masque à oxygène sur le visage. Comme elle ne peut pas parler à cause du masque, elle attrape son portable et tape un texto.

Tu peux me faire la bise, je ne suis pas en sucre.

Il rit un peu et s'assoit sur le siège à côté d'elle.

—Ton père m'a dit que tu allais mieux et que tu n'aurais pas de séquelles, tu ne peux pas savoir comme je suis soulagé! Tout ça, c'est grâce à Hadrien; sans lui, je n'aurais jamais pu t'aider. Et tu sais quoi? J'ai d'excellentes nouvelles de lui! Il est parti à Paris avec son amie Simone et son père, ils sont sauvés! Regarde, je t'ai apporté sa lettre!

Elle la lit d'une traite, fronce les sourcils et tapote:

Je suis vraiment contente pour Hadrien. Tu lui as sauvé la vie à lui aussi. Mais, dis donc, il ne t'a pas dit autre chose, mon père?

—Si, il m'a dit que…

On frappe à la porte. Sarah consulte sa montre: il est 18 heures passées de cinq minutes.

—Tu attends quelqu'un d'autre? demande Adrien.

La porte s'ouvre et Marion entre avec un bouquet de fleurs dans les mains. Marion! Le cœur d'Adrien se met à battre un peu plus fort. Elle se retourne et chuchote à quelqu'un derrière elle :

—Allez, entre !

Quelqu'un marmonne dans le couloir :

—Pourquoi elle veut que je vienne ? Je la connais pas, moi.

Finalement, Marion s'avance, accompagnée d'un beau garçon qui garde les mains dans ses poches : Franck, évidemment. Adrien le reconnaîtrait entre mille. Il est grand et il a des yeux d'un bleu parfait ; dans le genre *bad boy*, il a vraiment de la classe.

—Six heures cinq ! claironne Marion. Et on est venus en couple, comme tu me l'avais demandé sur ton texto ! Tu avais quelque chose à nous dire ?

Sarah tape un nouveau message et le téléphone d'Adrien vibre dans sa main.

Vas-y, démolis-le, ce gros nul.

Adrien sourit, puis il prend une grande inspiration comme s'il montait sur un ring de boxe.

—Salut, Franck, dit-il. On ne s'était jamais parlé tous les deux.

—Ouais, fait l'autre.

—Ça va mieux, ta jambe ?

— Ouais.

— Et le petit garçon de cinq ans que tu as renversé, il va bien, aussi ?

Quelque chose passe dans le regard de Franck. Une surprise, une frayeur.

— Qu'est-ce que tu dis, Adrien ? demande Marion en fronçant les sourcils.

— Ton scooter est fichu, je parie, poursuit Adrien. Ça ne leur vaut rien, les trottoirs, hein ?

Franck sort enfin les mains de ses poches et dit d'un ton hargneux :

— Qu'est-ce qu'il me veut, ton copain ? Il me cherche ou quoi ?

— Les médecins des urgences te passent le bonjour. Ils espèrent que tu fais plus attention en roulant, maintenant. Pour toi et pour les enfants du quartier.

— C'est quoi, l'embrouille ? Tu vas me lâcher, oui ?

Franck veut prendre Adrien par le col, mais celui-ci le repousse et brandit l'article de journal.

— Dis-le à Marion ! Dis-le que ton histoire de sauvetage d'enfant, c'était bidon !

—Qu'est-ce c'est que cet article, Adrien? crie Marion en lisant le titre. Franck, dis quelque chose!

Mais, pour toute réponse, il donne un coup de pied rageur dans la porte des toilettes.

—Ouais, je t'ai raconté des salades, dit-il à Marion. Tu es trop naïve, ma pauvre! Le coup du sauveur d'enfant, j'étais sûr que ça te ferait craquer. C'est moi qui ai renversé le gosse, et alors? Qu'est-ce que ça change?

Marion ouvre grand la bouche, elle regarde Adrien, puis Franck, puis Sarah.

—Tu m'as menti? Depuis le début?

—Je te largue! crie-t-il soudain. T'es qu'une emmerdeuse de toute façon. Nous deux, c'est fini. Et ce sera pas la peine de me courir après!

Marion lui décoche une gifle à lui décrocher la mâchoire.

—Jamais de la vie! hurle-t-elle. C'est moi qui te largue, espèce de menteur! De toute façon, tu n'es qu'un minable! Tes copains sont des crétins! Tu n'as rien dans la tête!

Elle le pousse des deux mains, tellement fort qu'il manque de tomber par terre dans le couloir.

—Et en plus, tu embrasses comme un pied!

Elle claque la porte et pousse un soupir.

— Quel sale type, dit-elle en essayant de cacher qu'elle est au bord des larmes.

— Je suis désolé, dit Adrien.

Il est déchiré : au fond, il est ravi que ce soit fini entre eux, mais il déteste l'idée de l'avoir fait souffrir. Mais les larmes ne coulent pas sur les joues de Marion, finalement. Elle relève la tête et fronde les sourcils.

— C'est bizarre…, commence-t-elle, le regard dans le vague. Je devrais être triste, normalement, non ? Mais en fait… je ne ressens qu'un grand soulagement.

Nouveau message de Sarah sur le téléphone d'Adrien, celui-ci le lit et le passe à Marion.

C'est un héros que tu veux, Marion ? Alors regarde un peu.

Sarah pointe du doigt un journal local qui traîne sur sa table de chevet et Marion le ramasse. On peut lire en grosses lettres « HÉROS DE GUERRE », suivi de : « obus chimique : au péril de sa vie, un jeune collégien sauve sa petite amie du gaz mortel ».

On voit Adrien en gros plan au moment où il sortait du bois avec le gendarme. Il y a aussi un portrait de Marion en plus petit et, bien sûr, une photo de Sarah avec ses cheveux pleins de terre et son masque à oxygène sur le visage.

— « Sa petite amie » ? fait Marion, stupéfaite. Adrien, tu… tu sors avec Sarah ?

Son visage se décompose, ses yeux se posent sur lui avec une expression nouvelle : une sorte de révélation et, en même temps, de panique. Ils se regardent tous les deux. Adrien prend la main de Marion et, tout à coup, les mots lui viennent à la bouche, aussi facilement, aussi simplement que s'ils avaient toujours été là, suspendus entre eux.

— Marion, est-ce que tu veux sortir avec moi ?

— Avec… toi ? bredouille-t-elle comme si cette idée lui ouvrait un nouveau monde. Je ne comprends pas… Tu m'as toujours repoussée ! Tu as toujours dit que j'étais juste ta meilleure amie !

— Quoi ? fait Adrien, complètement interloqué. Je ne t'ai jamais repoussée !

— Je t'ai serré contre moi quand on a dansé ensemble l'année dernière ! crie-t-elle. Je t'ai pris la main au cinéma ! Tu n'as jamais réagi, alors j'ai cru que tu ne voulais pas de moi, je me suis résignée, j'ai essayé de trouver un autre garçon !

D'une voix plus douce, elle demande :

—Alors, ce n'était que de la timidité, c'est ça ?

Soudain, une ombre passe sur son visage.

—Et Sarah, alors ? Tu sors avec elle ?

—Les journalistes racontent n'importe quoi, répond-il, je ne serai jamais sorti avec une autre fille que toi.

Marion tend la main et caresse doucement la joue d'Adrien, comme si elle le découvrait pour la première fois. Adrien retient son souffle, les yeux mi-clos, si près d'exploser de bonheur qu'il n'arrive pas à y croire encore. Mais, au moment où Marion s'approche de lui pour l'embrasser, il lui pose un doigt sur les lèvres.

—Attends, dit-il. Pas ici.

Il se penche pour chuchoter à l'oreille de Sarah :

—Merci pour tout !

Puis il prend la main de Marion et l'entraîne vers la porte.

—Suis-moi !

Est-ce que c'est réel? Tout en marchant, il ose à peine la regarder. Est-ce qu'il tient vraiment la main de Marion dans la sienne? C'est comme si chaque rue, chaque maison n'était plus tout à fait la même, comme si la petite ville de Laon était soudain devenue plus belle. Dans le cimetière, la neige du 1er janvier a disparu depuis longtemps, mais le cyprès de leur rendez-vous est toujours là, au milieu de l'allée centrale.

—Tu te souviens du cyprès? chuchote-t-il à Marion. C'est ici que je voudrais t'embrasser.

Elle regarde autour d'elle, l'air ravie, et un millier de souvenirs d'enfance semblent briller dans ses yeux noirs.

—Notre cimetière! Notre cyprès! Notre vieille pierre tombale! murmure-t-elle en s'approchant de lui.

Mais son regard se pose sur la tombe et elle fronce soudain les sourcils.

—Qu'est-ce qu'il y a? demande Adrien, terrifié. Tu… tu n'es pas amoureuse, en fait, c'est ça?

—Mais non, idiot! Je viens de remarquer quelque chose sur la stèle; regarde, c'est incroyable! Il y avait un dessin avec deux personnages gravé ici, avant. Il y avait aussi deux noms, je m'en souviens très bien! «Alphonse Nortier» et «Hadrien Nortier», tous les deux morts en 1915! Tu n'avais jamais remarqué?

—*Nortier*? s'écrie Adrien. Hadrien s'appelle Nortier! Lerac, ce n'est pas son vrai nom, c'était le nom de sa mère!

Adrien se penche sur la tombe.

—Où est-ce que tu as vu un Hadrien? C'est juste marqué «Alphonse Nortier, 1875-1934»!

—Justement! L'inscription sur la tombe n'est plus la même qu'avant, elle a changé! crie Marion, surexcitée.

—Qu'est-ce que tu racontes?

—Alphonse Nortier, c'était mon père, fait une voix de vieille femme derrière eux.

Adrien et Marion sursautent et se retournent. C'est la dame toute ridée qui lui avait parlé à la sortie de l'école et qui lui avait demandé de poster sa lettre. Elle semble encore plus vieille et plus voûtée que quand il l'avait croisée devant le collège.

—J'm'appelle Suzanne Nortier, poursuit-elle. Et Hadrien, c'était mon frère. Il avait treize ans quand j'suis née à Paris, pendant la Première Guerre.

Un sourire passe sur son visage et son regard se perd dans le lointain.

—Hadrien a été un merveilleux grand frère!

—Alors… il a survécu à la guerre? Il aurait dû mourir en 1915, mais ce n'est pas arrivé, c'est bien ça? C'est pour cette raison que son nom a disparu de cette tombe?

La vieille fronce les sourcils et agite la main.

—Tu as bien fait d'envoyer ta lettre, mon petit. Hadrien a été ingénieur ici, à Laon, pendant vingt ans, et puis il est parti dans une autre ville avec sa femme, Simone, et leurs enfants.

—Simone? Alors ils se sont mariés, ils ont eu des enfants?

Elle se tasse sur elle-même et marmonne entre ses dents: «J'suis fatiguée… J'suis si fatiguée. Ah! ma pauvre vieille caboche qui déraille…», elle masse son dos en faisant la grimace et regagne à petits pas l'entrée du cimetière.

—Tu crois que…, commence Marion, que c'est elle qui a tout déclenché?

Adrien se tourne vers elle et lui prend les mains.

—Je me souviens! La mère d'Hadrien attendait un enfant. La tante Jeannette, la sorcière du village, prétendait que l'enfant serait sorcière elle aussi, qu'elle aurait des pouvoirs! Sa mère avait déjà choisi le prénom de Suzanne!

— Alors toute cette histoire de lettres entre Hadrien et toi, fait Marion en secouant la tête, ce serait *de la magie*?

— Et pourquoi pas? Quelle autre explication vois-tu? répond-il.

Il se frappe le front de la main.

— La vieille boîte aux lettres bleue! crie-t-il.

— Celle qui a été installée devant chez toi? Tu crois que c'était cette boîte aux lettres qui faisait un passage entre nos deux époques? s'écrie Marion. Vite, allons voir si elle est toujours là!

Ils dévalent la pente en courant, sortent du cimetière et se retrouvent devant chez Adrien: l'étrange boîte aux lettres bleue a disparu. Le trottoir est lisse, sans une marque, c'est comme si elle n'avait jamais été là.

— Ça alors! dit Marion, stupéfaite. Elle était juste là!

— C'était elle, j'en suis sûre! C'était la boîte aux lettres qui nous a permis de nous envoyer des courriers! C'est fini, on ne pourra plus jamais s'écrire, Hadrien et moi…, dit Adrien, les larmes aux yeux. Je crois… je crois que j'ai perdu un ami.

Plus jamais il ne recevra ses petites enveloppes bleues, plus jamais il ne lira son nom écrit à l'encre noire, de la belle écriture ancienne d'Hadrien… Son ami d'un autre monde, son confident secret, il l'a perdu pour toujours.

—Mais tu sais qu'il n'est pas mort pendant la guerre, qu'il a été heureux, répond Marion en lui caressant la joue. Et tout ça, c'est grâce à toi!

Adrien hoche la tête et sourit malgré tout.

—Tu as raison. Il est sauvé.

—Et puis, ajoute Marion, tu as peut-être perdu un ami, mais tu as gagné une petite amie, je crois.

Elle lui fait un clin d'œil et dit:

—Et si tu m'embrassais, maintenant?

CRÉDITS PHOTOGRAPHIQUES

p. 30 *L'Épatant*: couverture avec Les Pieds Nickelés, RC-B-09623, Louis Forton (1879-1934), publié en 1913, BNF.

p. 55 293279 Page d'un manuel scolaire illustrant la culture de la pomme de terre, 1910, École française, © Collection Privée / Archives Charmet / The Bridgeman Art Library.

p. 80 176827 Carte de l'Afrique avec ses diverses colonies issue d'un livre scolaire, publié en 1911, d'après Charles Lacoste, XIXe siècle, © Collection privée / Archives Charmet / The Bridgeman Art Library.

p. 106 180398 *Le Tour de la France par deux enfants* de G. Bruno: couverture de la 368e édition imprimée en 1914, page de titre de la 300e édition imprimée en 1900, École française, XXe siècle, © Collection privée / Archives Charmet / The Bridgeman Art Library.

p. 140 184977 Le soldat français libérant l'Alsace (Belle au bois dormant), illustration issue de *L'Histoire de l'Alsace* par Hansi, env. 1915, École française, XXe siècle, © Collection privée/ Archives Charmet / The Bridgeman Art Library.

p. 208 821018 Jean Jaurès, collection privée / © Look and Learn / Elgar Collection / The Bridgeman Art Library.

Achevé d'imprimer en mars 2015
N° d'impression 1501.0231
Dépôt légal, avril 2015
Imprimé en France
36231119-5